VIE POPULAIRE

DE

MONSIEUR LE PRÉVOST

In-8º, 4ᵉ série.

JEAN-LÉON LE PRÉVOST

VIE POPULAIRE

DE

MONSIEUR LE PRÉVOST

FONDATEUR

de la Congrégation des Frères de Saint-Vincent de Paul

1803 - 1874

Ouvrage illustré de gravures

PARIS

rue des Saints-Pères, 30

J. LEFORT, IMPRIMEUR, ÉDITEUR

A. TAFFIN-LEFORT, Successeur

rue Charles de Muyssart, 24

LILLE

INTRODUCTION

Ouvriers des Cercles catholiques, soldats qui avez souci de votre foi et qui pensez à votre salut, jeunes gens des familles assistées par les Conférences de Saint-Vincent de Paul, membres de la Sainte-Famille, considérez un de vos amis, non pas de ceux qui viennent vous visiter lorsque la tristesse est loin du foyer, mais de ceux qui, réellement et chrétiennement charitables, veulent vous apporter, aux moments difficiles, la consolation, la bonne parole

M. Le Prévost est de ces derniers, de ceux qui entendent la catholique égalité, l'évangélique fraternité.

Si nous pouvions condenser en un petit nombre de pages la vie si remplie de cet homme de charité, qui, à l'exemple du divin Maître, a passé en faisant le bien, nous aurions atteint notre but qui est de placer sous vos yeux, déjà absorbés par le travail, un extrait de ces belles actions, de ces utiles fondations établies à votre profit.

On n'épargne rien pour vous faire connaître des hommes qui ne vous aiment qu'à la surface, et, disons-le sans crainte, qui vous aiment par intérêt ; laissez-nous vous montrer, de notre côté, un ami des classes qui passent pour déshéritées. Peut-être, en vous présentant un bienfaiteur, établirons-nous que vous n'êtes pas entièrement déshérités, quand il surgit pour travailler à votre soulagement des hommes comme celui dont nous allons vous parler.

VIE POPULAIRE

DE

Monsieur LE PRÉVOST

CHAPITRE PREMIER

Enfance de M. Le Prévost. — Son adolescence. — La procédure et l'Université. — Première vocation religieuse. — Relations diverses à Paris. — Indifférence religieuse et retour à Dieu.

Jean-Léon Le Prévost vint au monde le 10 août 1803, à Caudebec-en-Caux. Il perdit sa mère presque en naissant ; mais il en trouva une autre dans la Providence qui lui donna une belle-mère dévouée. Le père de Jean-Léon avait autrefois demandé sans succès la main de Mlle Rosalie Duchatard ; mais en apprenant qu'il était seul avec deux enfants, cette personne de cœur fut prise de commisération pour les deux orphelins et leur père, et elle agréa comme époux celui qu'elle avait congédié dans un autre temps. Sa sollicitude pour le frère et la sœur fut celle d'une tendre mère. Le petit garçon, celui que nous voulons suivre de sa naissance à sa mort, était délicat de santé; un accident l'avait rendu boiteux à l'âge de deux ans, et cette infirmité lui resta pendant toute sa vie. Que ne fit pas la seconde mère pour obtenir la guérison de Jean-Léon? Les secours humains restant inefficaces, elle recourut aux moyens surnaturels : elle entreprit des pèlerinages aux intentions du cher infirme. Mais Dieu n'exauça pas ses prières, ou il fit mieux que de guérir la jambe atteinte; il choisit pour le servir avec zèle le jeune Le Prévost. Ce dernier, en parlant des pieuses instances de sa mère pour sa guérison, lui attribuait le peu d'amour du Bon Dieu qui fut dans son cœur. Remarquons la modestie relative de cette appréciation. Sans doute notre Créateur, souverainement bon, infiniment sage et tout-puissant, ne sera jamais assez aimé par ceux qu'il a créés d'abord et rachetés ensuite; mais si M. Le Prévost ne l'a qu'un peu aimé, comment qualifierons-nous nos sentiments, nous autres qui admirons sans l'imiter l'ami des pauvres, l'homme résigné et pieux? Grande leçon qui nous est donnée par le continuateur de saint Vincent de Paul, profiterons-nous de cet enseignement?

L'instruction primaire n'était pas parfaitement organisée vers 1810. A cette époque de guerres, on s'occupait plus de faire des soldats que d'enseigner à lire et à écrire, et le petit Jean-Léon dut fréquenter la classe d'un magister qui avait abandonné le sacerdoce et son ministère sacré pour devenir instituteur de campagne. L'enfant n'apprit presque rien dans cette étrange école. Il ne sut lire qu'après avoir reçu les leçons de demoiselles qui instruisaient les petites filles. Il se rendait à ces derniers cours avec sa sœur, et il les suivit jusqu'à l'âge de neuf ans. En 1812, il dut quitter la direction féminine pour obéir à celle d'un prêtre; car l'époque de la première communion approchait, et personne mieux qu'un ecclésiastique ne pouvait aider l'enfant à recevoir son Dieu. C'est à Bolbec qu'eut lieu cette importante cérémonie. De là, il fut envoyé au collège de Rouen, où ses études ne purent se terminer complètement à cause d'un désastre qui vint fondre sur sa famille en ruinant complètement M. Le Prévost père. Le lycéen se fait alors clerc d'avoué pour gagner quelque salaire, vivre et aider à vivre la famille désormais sans ressources suffisantes pour l'existence. Pendant qu'il exerçait ces fonctions dans la procédure, Jean-Léon perdit son père, et, dans cette circonstance, nous le voyons donner une marque de désintéressement en renonçant, au profit de sa mère et de sa sœur, au peu de patrimoine qui aurait pu lui revenir.

Le jeune homme que le malheur avait frappé si rudement et à plusieurs reprises : au berceau, à l'âge de deux ans, sur les bancs du collège, et enfin tout récemment par la mort de son père, le jeune homme n'avait pas encore vingt ans, quand il entra dans l'enseignement, en obtenant la direction d'une classe dans un collège d'Alsace d'abord, et ensuite dans celui de Lisieux. En cette ville, il prit, grâce à d'étroites relations avec de saints prêtres, une grande ferveur religieuse, et conçut la pensée d'entrer dans les ordres, quand l'intervention de sa mère et de sa sœur vint l'empêcher de donner suite à ces pieuses tendances. Nous regretterons ici qu'une influence de famille ait privé l'Église d'un ministre qui certainement l'aurait bien servie ; mais quand, dans la suite de cette biographie, nous verrons l'homme mûri par l'adversité se faire l'apôtre de la charité, et dans ses dernières années monter à ces autels dont il s'était détourné à Lisieux, nous comprendrons que les vues humaines n'ont pas de suite, que c'est la volonté de Dieu qui mène tout, et que tôt ou tard elle triomphe pour faire éclater la toute-puissance du Très-Haut.

Ce ne fut pas sans amertume que Jean-Léon renonça au projet qu'il avait nourri de recevoir la prêtrise. Ce fut probablement pour donner le change à ses regrets qu'il abandonna Lisieux et le professorat pour venir occuper à Paris une place dans l'administration des cultes.

N'ayant pas dans la capitale de parents, d'amis, personne à fréquenter, le jeune fonctionnaire s'occupa, au détriment de la pratique religieuse qu'il abandonna, de littérature et de politique, écrivit dans les journaux et devint l'ami de Sainte-Beuve et de Victor Hugo, chef de l'école romantique. Dans ce milieu qui n'était pas athée, mais qui certes n'était pas un centre de piété, que serait devenu Jean-Léon, déjà oublieux des devoirs religieux, si un solide chrétien, M. Victor Pavie, n'avait été amené à lui par cette Providence qui ne nous perd jamais de vue. Le nouveau venu appartenait à un comité de jeunes gens de l'Anjou installés à Paris pour leurs études spéciales et continuant dans le monde des écoles ces pratiques qui dénotent la vraie piété. Le bon exemple réveilla de son engourdissement le publiciste, ami des salons de Victor Hugo. Il comprit que la tranquillité ne s'acquiert pas par l'indifférence, et il opéra un retour vers Notre-Seigneur Jésus-Christ, l'ami toujours prêt à recevoir les retardataires. Voici ce que M. Le Prévost écrit à son ami Pavie de sa rentrée dans le nombre des fidèles :

Avec l'aide de Dieu, je sors de ces brouillards d'incertitude et de doute, je redeviens croyant, je

*sens que mes liens se brisent et que je remonte à la
vérité ; ma prière n'est plus vague, incertaine, au
hasard jetée vers le Dieu inconnu ; elle va d'une
pente naturelle au Dieu que je sens, que je vois, que
j'entends, et sous l'œil de qui je suis à cet instant
comme à tous les autres.*

Et comme preuve de cette transformation, il
choisit pour guide et pour confident de ses plus
secrètes pensées et de ses aspirations vers Dieu
un saint abbé qui l'amena progressivement au
détachement de lui-même et à l'union parfaite
avec son Créateur.

Le choléra qui fit tant de ravages dans notre
pays en 1832, n'épargna pas M. Le Prévost.
Toutefois, il ne l'enleva pas. Jean-Léon, frappé par
l'épidémie, entrevit sa dernière heure ; mais tout
en se croyant perdu, il montra de la fermeté
d'âme, de la résignation et cet abandon de lui-
même inspiré par son pieux directeur. Il n'était pas
encore remis de la terrible maladie qu'apparaissait
dans ses paroles une complète *absorption* en Dieu :

— Je suis faible de corps, dit-il, et mes facultés restent encore tellement ébranlées que tout
travail m'est impossible ; mais j'ai quelques ins-
tants doux et consolants toutefois, quand Dieu me
fait sentir au cœur qu'il me veut ainsi, que je lui
peux plaire ainsi en langueur et soumission.

CHAPITRE II

Pendant qu'il était torturé par le dangereux mal, M. Le Prévost avait reçu les soins d'une demoiselle X***, artiste en peinture d'un certain talent, qui avait, en approchant du cholérique, contracté la maladie. Quoique la dévouée garde-malade eût triomphé du fléau, Jean-Léon ne s'en trouvait pas moins son obligé par la reconnaissance, et quand Mlle X*** lui montra qu'elle espérait devenir sa femme, une grande perplexité s'empara de lui. Il demanda conseil à des personnes éclairées, en précisant ses questions, en faisant connaître les tendances passées et présentes de son âme, indiquant qu'il supposait avoir une vocation ecclésiastique. La réponse qu'il obtint étant qu'il n'avait pas ce qu'il fallait pour recevoir l'onction sacerdotale, il donna suite au mariage et épousa sa bienfaitrice, quoiqu'elle eût vingt ans de plus que lui et qu'elle ne fût pas une catholique soucieuse des devoirs religieux. Ces époux qui sympathisaient avant l'union, qui s'étaient montrés, l'une dévouée jusqu'à affronter la mort, l'autre reconnaissant jusqu'à se sacrifier, ne tardèrent pas à trouver la mésintelligence. M. Le Prévost paraissait très affecté de ce désaccord dans la vie commune; mais comme ses sentiments religieux n'avaient rien perdu de leur force, il trouva dans son amour de Dieu des consolations qui l'aidèrent à supporter les nouvelles épreuves dont il était frappé. Sous la direction spirituelle de M. l'abbé de Malet et avec les encouragements de ce digne prêtre, il se donna aux œuvres de charité, parce que sa piété, faite de douceur et de résignation, lui avait montré le mérite que trouve auprès de Dieu l'amour du prochain.

Les relations avec V. Hugo ne pouvaient pas donner une grande satisfaction à celui que Notre Seigneur Jésus-Christ appelait à lui d'une façon aussi visible et qu'il n'éprouvait que pour mieux le tremper. Aussi voyons-nous M. Le Prévost devenir l'ami de Montalembert et se rencontrer chez l'éloquent pair de France avec les abbés Gerbet et Lacordaire. Dans ce milieu littéraire

Pendant qu'il était torturé par le dangereux mal, M. Le Prévost avait reçu les soins d'une demoiselle X***. (p. 13.)

mais pieux, il se trouvait plus à sa place que près du chef de l'école romantique. D'ailleurs, chez M. de Montalembert où le mouvement catholique prenait son essor, il était question de fondations charitables qui s'adaptaient bien mieux aux tendances de M. Le Prévost. N'y avait-on pas déjà parlé de la Société de charité devenue plus tard l'œuvre de Saint-Vincent de Paul, de ce comité faible alors par le nombre de ses membres, mais grand déjà par le but qu'il se proposait, noble but de la visite et de l'assistance du pauvre à domicile, pour le consoler, le ramener à Dieu et arriver à sanctifier le visiteur et le visité.

Jean-Léon était entré en relations avec M. Bailly, directeur du journal *la Tribune catholique*; mais presque en même temps, il se rencontrait avec Frédéric Ozanam, qui lui proposait de prendre part aux réunions de la petite association. Il va nous raconter lui-même comment il y fut admis.

« Je les rencontrai dans un restaurant où je prenais mes repas, ils mangeaient non loin de moi ; ils étaient ordinairement animés et quelque peu bruyants. Amateur de silence, je les redoutais un peu et n'éprouvais aucun désir de lier avec eux connaissance ; mais un jour, l'un d'eux m'ayant adressé une question, nous échangeâmes quelques paroles ; il reconnut bientôt que j'étais chrétien. Ils se dirent ensuite l'un à l'autre :

» — *Mais si nous proposions à M. Le Prévost d'être des nôtres ?*

» Ils le firent, et je devins le huitième. »

Cet ouvrier de la première heure proposa de changer le nom primitif de *Conférence de charité* en celui bien connu de nos jours de *Conférence de Saint-Vincent de Paul*, faisant ainsi placer la récente association sous le patronage de l'apôtre de la charité. Le *Veni, Sancte Spiritus*, le *Sancte Vincenti a Paulo* qu'on récite à l'ouverture de chaque séance datent de la fondation de l'œuvre et ont été adoptés sur la proposition de M. Le Prévost. Et l'Esprit-Saint et Vincent de Paul ont bien répondu à ces appels, puisque l'institution fondée par Ozanam et baptisée par Le Prévost s'est répandue sur beaucoup de points du globe, secourt une quantité prodigieuse d'infortunés et compte de nombreux adhérents.

En 1835, deux ans à peine après son ouverture, la Conférence établie rue de l'Estrapade comptait une centaine de membres. Tous ces confrères réunis à la même place pouvaient ne pas rendre des services en rapport avec leur nombre; tandis que sectionnés, ils auraient été d'une grande utilité. Si la prière d'une grande réunion de fidèles va droit au ciel, on ne peut disconvenir que la délibération prise en petit comité soit plus favorable à l'action qui vient après. Que fait M. Le Prévost pour l'extension de l'œuvre et la sûreté de ses décisions? Il propose de se séparer et d'aller former à Saint-Sulpice d'abord, et plus tard ailleurs si besoin est, une Conférence en tous points semblable à celle qui fonctionne déjà. Sa motion est très logique, mais elle trouve de l'opposition parmi les confrères qui redoutent les innovations et qui pensent au regret de la séparation. Mais elle est soutenue énergiquement par son auteur. Elle a d'ailleurs été inspirée par la Sœur Rosalie, fille spirituelle de Saint-Vincent de Paul. La proposition triomphe, et c'est M. Le Prévost qui conduit le premier essaim de la Conférence à Saint-Sulpice. Il devient le président de cette réunion paroissiale, qui grandira et sera un sujet de fierté bien légitime pour les membres de l'association. Il avait dans le cœur un si grand trésor de charité qu'il amena progressivement ses confrères à annexer à l'œuvre principale de la visite et de l'assistance des pauvres celles de la Sainte-Famille, de la Caisse des loyers, de l'Asile des vieillards de Notre-Dame de Nazareth, des Fourneaux économiques, des Maisons de famille et de Patronage des apprentis et des Cercles d'ouvriers.

La réunion de la Conférence de Saint-Sulpice se tenait le mardi soir, à huit heures, dans les dépendances de l'église que chacun connaît. Un crucifix et le portrait du saint patron se trouvaient au-dessus du bureau où prenaient place le président et ses assesseurs. Le *Veni, Sancte Spiritus*, suivi du *Sancte Vincenti a Paulo*, ainsi qu'une lecture prise dans l'*Imitation de Jésus-Christ*, commençaient invariablement la séance. La distribution des bons de pain et de viande se faisait par l'intermédiaire des cinq chefs de section.

On votait sur les demandes de secours en argent ou en vêtements. Quand un prêtre se trouvait dans la réunion, il exposait aux membres toute la beauté de leur mission, mission apostolique par excellence, puisqu'elle avait pour but de ramener à Dieu ces malheureux parfois égarés et éloignés de leur Créateur. Cette allocution n'empêchait pas le président d'être l'âme de l'association. Il en était bien le moteur, et la charité comme il la pratiquait envers tout le monde devait bien plaire à Dieu et ravir d'aise dans le séjour des bienheureux le saint qui nous a montré comment on doit assister ses frères.

Le renom de la Société et le zèle du président de Saint-Sulpice n'étaient pas sans exercer une attraction au dehors. Un jour que M. Le Prévost était en conversation chez lui avec son confrère M. Boutron, il reçut la visite d'un jeune homme qui lui manifesta le désir d'adhérer à sa Conférence. D'autres auraient pressé les choses, et l'introduction du postulant dans les rangs de l'assemblée ne se serait pas fait attendre. Mais l'homme de Dieu se contenta d'amener, à titre d'invité, le jeune homme aux réunions du mardi pour lui en montrer tout le charme et tout le profit ; par une sorte de prudence que nous devons admirer, il laissa l'aspirant désirer l'admission pour lui donner le temps de rentrer en lui-même, d'y travailler à l'épuration de sa foi, de triompher de ces entraves semées sur notre route par le démon. Après une candidature assez longue pour le postulant, M. Le Prévost, s'adressant à ce dernier qu'il voyait fréquemment, lui dit :

— *Qu'attendez-vous pour vous approcher définitivement de Dieu ?*

— *J'ai la foi, lui répondit son interlocuteur ; mais ce que je ne comprends pas, c'est qu'après avoir été trahi par une créature aussi parfaite que l'ange, Dieu ait pu se résoudre à créer l'homme, sachant que cet être inférieur et moins digne de ses bienfaits le méconnaîtrait encore plus.*

L'objection était spécieuse, elle aurait pu embarrasser bien des personnes, principalement celles qui perdent de vue l'immensité infinie de l'amour divin ; mais celui qui connaissait le Sacré Cœur et tous ses trésors, qui puisait dans cette source inépuisable toutes les inspirations de la charité, sut résoudre la question posée d'une façon victorieuse.

— *Vous ne savez pas ce qu'est l'amour dans le cœur de Dieu*, répondit avec chaleur et émotion M. Le Prévost ; *c'est justement à cause de l'infériorité de l'homme que Dieu s'est plu à l'aimer davantage et à le combler d'inexprimables faveurs. L'être inférieur, libre entre le bien et le mal, attire plus le cœur de Dieu, quand il lui reste fidèle, et repousse le démon que l'ange relativement impeccable et parfaitement spirituel.*

Remarquons l'heureuse comparaison que va employer l'apôtre laïque et l'éloquence avec laquelle il va l'exprimer :

— *Regardez, mon ami,* continua-t-il, *ce qui se passe dans le cœur d'une mère qu'on peut considérer comme le cœur de Dieu en bien petit. Pour qui est son affection la plus tendre ? Pour qui fait-il les sacrifices les plus insensés ? N'est-ce pas pour l'enfant le plus faible, le plus infirme et souvent, hélas ! le plus ingrat ? Ce n'est pas pour l'ange que Jésus-Christ est venu sur la terre, qu'il y a institué le sacrement de l'Eucharistie, sublime expression de.*

*son amour, qu'il a été crucifié. C'est pour vous,
c'est pour moi, misérables que nous sommes!*

La charité, aidée par la foi, fit remporter à
M. Le Prévost le succès éclatant du retour au
divin Maître d'une âme égarée. Le président de
Saint-Sulpice venait non seulement de gagner une
recrue pour sa Conférence, mais encore de s'assurer un avantage précieux pour l'avenir, et M. l'abbé
Beaussier, son directeur et son ami, consacra cette
conquête quelques jours après en entendant et en
absolvant le converti. Ce dernier vint siéger, le
mardi suivant, comme membre de la réunion
avec MM. Le Prévost et Boutron pour parrains.

CHAPITRE III

Les œuvres annexes des Conférences de Saint-Vincent
de Paul.

La charité, comme l'Église l'entend, ne se
borne pas à donner une aide matérielle aux pauvres
et aux abandonnés, elle se propose aussi de satisfaire à leurs besoins spirituels, à s'occuper de
l'âme, la plus noble partie de l'être humain. A
ce dernier point de vue, la triste situation morale
des jeunes détenus de la rue des Grès excita le
zèle charitable de M. Le Prévost; il se concerta
avec plusieurs de ses confrères pour solliciter de
l'autorité judiciaire la permission d'entrer dans
l'établissement correctionnel et d'y instruire, tant
sur le Catéchisme que sur la lecture et l'écriture,
ces jeunes prisonniers qui avaient abusé déjà de
la liberté. L'autorisation demandée fut accordée,
et quatre des fondateurs de la Société de Saint-
Vincent de Paul, parmi lesquels se trouvait Le
Prévost, vinrent à titre de visiteurs-instructeurs
auprès des détenus. Un autre que notre apôtre

aurait pris en défiance et regardé avec dégoût ces enfants contre lesquels la justice avait dû sévir; mais lui, toujours disposé à aimer, s'attache à ces jeunes gens, les plaint, se souvenant que le Maître qu'il veut imiter est miséricordieux. Il donne tous ses soins à l'instruction et au relèvement moral des détenus, parce qu'il voit en eux des créatures de Dieu. Tout le temps que la Maison de correction resta établie rue des Grès, M. Le Prévost apporta ses enseignements et ses consolations aux jeunes prisonniers, et il ne cessa ses visites que quand l'établissement fut transporté à une grande distance de Saint-Sulpice.

Pour donner carrière à leur besoin d'expansion charitable, les membres de la Conférence ouvrirent un asile destiné à recueillir les orphelins laissés par les familles visitées autrefois par l'œuvre. On installa provisoirement ces enfants dans une petite maison où leur surveillance était facile et leur entretien peu coûteux par suite du petit nombre des recueillis; mais au bout d'un certain temps ils avaient atteint le nombre cent, et le dimanche ils avaient à côté d'eux et sous le même toit des apprentis appartenant aux familles visitées par les Conférences. La place ne suffisant plus, il fallut prendre un local plus vaste, et on loua rue Copeau une habitation qui devint la maison des *Orphelins-apprentis,* et qui fut le premier de ces patronages qu'on voit fonctionner sur beaucoup de paroisses pour le plus grand bien des enfants, la satisfaction des parents et la consolation des catholiques.

Un jeune confrère de Saint-Vincent de Paul avait été chargé au début de la surveillance de l'établissement de la rue Copeau, mais ses études spéciales étant terminées, il dut rentrer dans sa province, et M. Le Prévost devint le directeur des Orphelins-apprentis. Pour se rendre de la rue du Cherche-Midi où il demeurait à la rue Copeau qu'il administrait, le bon chrétien avait un long chemin à faire; mais la charité lui donnant des ailes, il allait tous les soirs pour la prière auprès de sa jeune clientèle, et le dimanche, il lui consacrait toute la journée. Que d'heureux il faisait durant ce jour du Seigneur! Non seulement M. le curé de la paroisse voisine et les fidèles des offices étaient édifiés pour la plus grande gloire de Dieu par la tenue de cette jeune assistance recueillie, mais les enfants que le bon directeur écoutait amicalement manifestaient par leur gaîté combien ils se trouvaient heureux. Que de trésors M. Le Prévost amassait pour l'éternité, quelle belle couronne il se tressait pour entrer dans le royaume des élus!

Tout ce bien moral ne se faisait pas sans argent,

Un crucifix et le portrait du saint patron se trouvaient
au-dessus du bureau. (p. 20.)

et ceux à qui l'on en demandait se récriaient sur l'élévation des dépenses occasionnées par la maison des Orphelins-apprentis. M. Le Prévost, lui, ne se lassait pas de lutter pour la vie de ses protégés. Voulant continuer à tenir ouvert l'établissement de la rue Copeau, il s'entendit avec M. Bailly, s'assura le concours des prêtres de la Mission et des Filles de Charité, enfants spirituels comme lui de saint Vincent de Paul, et transforma en imprimeurs les Orphelins-apprentis. Il supposait que Dieu bénirait ces efforts en faisant rendre à l'entreprise d'heureux profits pécuniaires, mais il avait la conviction que, quant au résultat moral, le travail enseigné sur la terre par Notre Seigneur Jésus-Christ serait un grand moyen de sanctification pour les jeunes gens et un parfait correctif de l'oisiveté, mère de tous les vices. Les publications mises en œuvre à l'imprimerie ne produisirent que des mécomptes, et la pénurie de ressources devint telle qu'on dut, en 1841, fermer l'œuvre de la rue Copeau et verser ses habitués dans une maison ouverte rue Neuve-Saint-Étienne-du-Mont, avec l'appui de Mgr l'archevêque de Paris, par les chers Frères des Écoles chrétiennes. Saluons en passant avec respect et reconnaissance ces maîtres par excellence, dont le dévouement est apprécié de tous.

Le nouvel établissement était un internat en ce qu'il admettait des pensionnaires; mais il était aussi un externat que fréquentaient, tous les dimanches, les apprentis envoyés par les Conférences. Cette double administration fonctionna pendant sept ans; mais malgré la sollicitude constante de Sa Grandeur et les efforts sublimes des fils de Jean-Baptiste de la Salle, elle ne donna pas tous les résultats désirables. Elle cessa d'exister au moment de la révolution de février pour revivre dans les patronages, qui sont bien une partie du plan divin, si nous en jugeons par la prodigieuse extension qu'ils ont à l'heure actuelle.

La jeunesse est bien digne de notre sollicitude; mais la vieillesse a, elle aussi, des droits à notre appui. Et parmi ceux qui ont marché avant nous dans la vie, ne devons-nous pas assistance à ces prêtres âgés, vétérans de l'autel qui ont contracté dans la lutte apostolique de pénibles infirmités? M. Le Prévost en connaissait plusieurs qui, dans l'impossibilité de lire ou de marcher, étaient privés d'accomplir tout exercice religieux, hormis la prière. Frappé de l'isolement et de la peine dans lesquels se trouvaient ces vénérables ecclésiastiques, il se rendait chaque jour auprès d'eux, les aidait à réciter le bréviaire, leur rendait ses services, causait avec ces invalides et se faisait agréable au Seigneur en soignant ses ministres impotents. Dans ces exercices variés de la charité, M. Le Prévost ne perdait pas de vue le but de la Société à laquelle il appartenait dès l'origine : la visite du pauvre à domicile pour la sanctification du visiteur et du visité ; aussi, tout en s'occupant des enfants d'une part et des prêtres infirmes de l'autre, mettait-il tous ses soins à soulager ceux que la Conférence lui confiait. Dans la rue du Vieux-Colombier, il avait à assister deux vieilles femmes qui étaient d'autant plus atteintes par la misère qu'elles avaient connu jadis une certaine prospérité. La saleté avait fait de leur demeure un séjour fétide et inabordable; elles n'ouvraient la bouche que pour murmurer. Enfin, chose plus malheureuse encore, aucune pratique religieuse ne venait adoucir chez elles les affres de la misère. Là où d'autres auraient reculé de découragement, M. Le Prévost ne se laissa pas rebuter; quoique désolé à chacune de ses visites de l'état lamentable, à tous les points de vue, de ces pauvres déchues, il espérait toujours un changement de condition et de dispositions pour les malheureuses assistées. La consolation se fit attendre, mais elle ne manqua pas de ce côté, car la famille de la rue du Vieux-Colombier put être transportée plus tard dans la maison de vieillards fondée sous le vocable de Notre-Dame de Nazareth. Alors, mieux logées, mieux vêtues, moins isolées et surtout plus résignées, les deux vieilles écoutèrent plus attentivement les enseignements religieux, répondirent aux douces avances du Seigneur et terminèrent leur vie dans des sentiments tout à fait chrétiens.

L'œuvre de la *Sainte-Famille* ou de la *Consolation des pauvres* a pour but l'édification réciproque des familles malheureuses. Tous ceux qui la composent (et pour en faire partie la pauvreté n'est pas une condition indispensable) s'engagent à s'aimer les uns les autres avec cette charité enseignée par Notre Seigneur Jésus-Christ, et à vivre d'une façon chrétienne en donnant le bon exemple autour d'eux. C'est à ce plan de fondation que s'attacha M. Le Prévost, et c'est en l'exécutant qu'il montra le mieux tout ce qu'il y avait de tendre et de compatissant dans son cœur. Il ne manquait pas d'éléments sur la paroisse de Saint-Sulpice pour former une association de ce genre. La difficulté consistait à les grouper, à les faire entrer dans l'esprit de l'œuvre, à communiquer aux familles adhérentes l'amour du prochain, à enseigner aux plus malheureux la résignation et ce que l'épreuve bien supportée entraîne après elle de mérites pour l'éternité, à faire enfin des mieux partagés les consolateurs de leurs frères dans la détresse.

La première réunion, la séance d'ouverture demandait une préparation soignée, et l'ami de l'infortune ne négligea rien pour que cette assemblée eût un plein succès. Il obtint pour la cérémonie la chapelle des catéchismes de la paroisse, il s'assura le concours d'un apôtre à la parole chaude et entraînante, il lança des invitations aux trois cents familles de sa Conférence, et l'appel fut si bien entendu que presque tous les convoqués vinrent répondre à la voix du fondateur. Avant l'heure fixée, on vit s'amasser une foule nombreuse et empressée de recevoir l'accueil amical qui réconforte les cœurs affligés.

On s'occupa de placer cette assistance dont l'exactitude annonçait la bonne volonté, et toutes les places étant prises, le R. P. Milleriot distribua ses pieux et éloquents conseils à la réunion. Quant à M. Le Prévost, il montra aux familles des attentions bien délicates, des prévenances bien affectueuses qui touchèrent particulièrement les cœurs. Le révérend Père fut proclamé le père de la Sainte-Famille, mais le fondateur en resta l'âme.

Telle naquit l'œuvre, telle elle se répandit, œuvre de relèvement basé sur la prière et sur la charité.

Actuellement la Sainte-Famille est devenue l'un des plus beaux fleurons de la couronne de saint Vincent de Paul. Elle a des membres dans des situations diverses de fortune; mais pour tous ceux qui la composent, elle est une source de sanctification, parce qu'elle ravive la foi, donne l'espérance et excite la charité.

La sollicitude de M. Le Prévost à l'égard des pauvres se manifestait sans cesse : ceux qui gagnent péniblement leur vie et celle de leur entourage ont besoin d'avoir un logis assuré, et rien n'est plus incertain que l'abri des infortunés pour lesquels le loyer est une lourde charge. Conseillés par leur vigilant président, les conférenciers de Saint-Sulpice établirent une caisse de loyers dans laquelle toutes les familles assistées étaient appelées à faire des versements. Une forte prime de quinze pour cent bonifiait pendant le trimestre les dépôts effectués, et à l'époque réglementaire le terme pouvant être payé, tout danger d'éviction disparaissait.

Nous ne terminerons pas ce chapitre relatif aux heureuses innovations entreprises par M. Le Prévost, sans dire un mot de la bibliothèque de la Sainte-Famille. Il ne faut pas chercher longtemps pour trouver que les bons livres sont le meilleur remède contre les théories malsaines, qu'ils répandent les bonnes doctrines et qu'ils donnent une culture à l'intelligence.

Dans chacune de ces Conférences auxquelles nous avons l'honneur d'appartenir, on voit de nos jours fonctionner cette œuvre bénie de Dieu, et ceux de nos confrères qui travaillent à la diffusion de cet antidote efficace peuvent, sans sortir de l'humilité chrétienne, se glorifier de remplir une mission sociale et charitable d'une immense utilité pour les intérêts temporels et éternels.

Avant d'examiner le travail capital de M. Le Prévost, celui qui lui a coûté le plus de peines mais lui a valu aussi le plus de consolations, nous croyons utile d'indiquer les moyens qu'il employait pour arriver à ses fins bienfaisantes :

« Quand je veux réussir, disait-il un jour à quelqu'un qui le questionnait sur le succès de ses œuvres, *je me jette à genoux, je prie davantage, je pleure et j'obtiens.* »

Voilà certes une merveilleuse recette qu'il n'est pas besoin de préconiser, tant elle se recommande d'elle-même aux organisateurs de saintes associations !

CHAPITRE IV

Nous avons déjà parlé des patronages à propos de l'œuvre des Orphelins-apprentis. Bien que ce mot de *patronage* employé constamment dans le langage de la charité soit parfaitement connu, il n'est pas inutile d'en bien préciser le sens. Au sortir de l'école chrétienne, où les enseignements sur la prière, la sanctification du dimanche, la nécessité du travail ennobli par Notre Seigneur Jésus-Christ ne lui ont pas manqué, l'enfant a besoin d'un guide, d'abord à cause de son inexpérience, ensuite parce que l'homme toujours faible est exposé à tomber si quelqu'un ne vient le retenir, si quelque chose ne vient lui montrer les embûches dont est semée sa route. Le patronage est le phare qui éclaire l'enfant naviguant sur l'océan de la vie. Il réunit les adolescents le dimanche pour les offices religieux, il lui offre des jeux récréatifs entre les pieux exercices du matin et du soir, et enfin, pour lui épargner les longues courses, il lui donne des repas qu'il faudrait aller prendre à la maison paternelle, si une table n'était préparée pour nourrir les jeunes gens au patronage. Quelquefois, à ce dernier est annexée une maison de famille où, à peu de frais, les ouvriers qui ne sont pas de la ville trouvent un gîte et un restaurant dont ils deviennent les habitués. Telle était l'assistance offerte par M. Le Prévost et ses zélés confrères de Saint-Sulpice à la jeunesse du travail. Seulement ce patronage demandait un dévouement continu et des administrateurs en permanence pour l'exercer. Disons sans intention de critiquer personne que la Société de Saint-Vincent de Paul ne pouvait pas assurer ce service, parce que ses membres occupés pour la plupart par les affaires temporelles n'avaient pas de temps à consacrer à la conduite permanente du patronage. Ajoutons même que pendant les mois d'été, les Conférences étaient très réduites comme personnel de visiteurs, parce que beaucoup des leurs se rendaient en villégiature à la campagne ou partaient se soigner aux eaux.

Un comité dont M. Le Prévost était l'âme comme il était celle de la Sainte-Famille, tenait ses séances chez M. Ferrand de Missol, sous le nom de *réunion intime*, et, dans ce cercle restreint mais actif, on parlait souvent de la nécessité d'une congrégation destinée à la visite des malades, à la direction des patronages et au service des pauvres en général. Les membres de la réunion intime estimaient que les œuvres créées par Dieu sous le patronage de saint Vincent de Paul avaient trop d'importance pour être suspendues même pendant un temps très court de l'année. Après plusieurs délibérations sur cette question, on avait décidé qu'il fallait former un groupe de soldats du devoir pour administrer à poste fixe les œuvres charitables. M. Le Prévost s'était surtout attaché à ce plan, et pour son exécution, il employait la méthode qu'il nous a indiquée : *il priait davantage à genoux, il pleurait, il devait donc obtenir.* L'une des chapelles les plus fréquentées par lui était celle des Lazaristes de la rue de Sèvres, où nous aimons aller, le 19 juillet de chaque année, vénérer les reliques de saint Vincent de Paul. Tandis que, dans ce sanctuaire, le pieux président implorait le secours divin, un jeune Angevin, compatriote de Pavie, membre de la Conférence et de la Sainte-Famille d'Angers,

se préoccupait du sort des patronages en voyant
celui qui était près de lui arrêté dans son fonctionnement. Cet ami des pauvres, nommé Clément
Myonnet, avait mis son évêque au courant de ses
inquiétudes, avait médité, et l'inspiration d'en
haut arrivant, avait conçu le projet d'entrer en
religion pour se dévouer au service des œuvres
charitables. Sachant qu'à Paris quelqu'un avait
eu la même pensée que lui, il vint chercher
M. Le Prévost, et la rencontre des deux ouvriers
du Seigneur eut lieu rue de Sèvres devant le
tombeau du grand apôtre de la charité. Dans
cette entrevue, Myonnet fut frappé de l'identité
des questions faites par son interlocuteur avec
celles que lui avait précédemment adressées
Mgr Angebault, l'éminent détenteur du siège épis-
copal d'Angers. Les deux fondateurs, ayant les
mêmes vues sur l'assistance de la misère et sur
les moyens à employer pour la pratiquer, se
mirent vite et complètement d'accord sur les règles
à donner à l'institut projeté, sur les vœux de
pauvreté, de chasteté et d'obéissance à placer en
tête de la constitution, sur le concours à prêter
ou à emprunter aux membres des Conférences,
ainsi que sur l'habit laïque à porter. Tous ces
points étant réglés, la famille religieuse était
fondée. Il n'y avait plus qu'à la nommer, mais

cette désignation n'était pas difficile à trouver. Elle devait s'appeler la *Congrégation des Frères de Saint-Vincent de Paul*, puisqu'elle avait pris naissance au tombeau du grand saint et qu'elle venait au monde pour compléter en quelque sorte l'œuvre fondée par Ozanam.

M. Myonnet prit quelques mois pour sortir complètement du monde et entrer au service de Dieu dans la plus entière liberté. Le jeune Angevin retourna dans son pays pour prendre congé des siens et y régler ses affaires. Il revint à Paris à la fin de février 1845, tout à la disposition du Seigneur qu'il voulait servir dans ses pauvres. Trois membres de la réunion intime avaient promis d'entrer avec M. Myonnet, le 1er mars suivant, en congrégation réunie au n° 16 de la rue du Regard, dans une maison où devait s'ouvrir le même jour un patronage qui serait dirigé par les quatre Frères. Les quatre membres avaient pour chef M. Le Prévost ; mais ce dernier, dans sa situation conjugale et administrative (nous savons qu'il était marié et fonctionnaire des cultes), tout en dirigeant la communauté, ne devait pas y résider. On avait arrêté qu'une courte retraite précéderait l'ouverture de la maison. Le premier jour de cet exercice pieux et préparatoire, il se trouva bien quatre fidèles ; mais à l'expiration de la

Dans la rue du Vieux-Colombier, il avait à assister deux vieilles femmes. (p. 31.)

retraite, Myonnet était tout seul pour représenter l'ordre nouvellement établi et pour composer la communauté dont le siège était fixé rue du Regard. Certes M. Le Prévost ne lui faisait pas défaut; mais, nous l'avons dit, il ne lui était pas possible de délaisser son domicile conjugal pour habiter avec son cofondateur; en sorte que ce dernier avait à parer à tout, même aux soins du ménage et du nettoyage, dans une maison qui n'avait aucun serviteur pour effectuer la grosse besogne. Si nous ajoutons à ce labeur celui de la conduite du patronage, nous verrons que l'unique Frère de Saint-Vincent de Paul était chargé d'un lourd fardeau à la rue du Regard, et qu'il n'avait, ses occupations péniblement terminées, personne avec qui échanger ses idées. C'était une *entrée* difficile, mais c'était aussi un *début* bien méritoire. M. Le Prévost, malgré ses obligations civiles, venait tous les soirs faire la prière à la communauté et encourager son Frère. Un jour, après l'exercice spirituel, il annonça à Myonnet que son évêque, Mgr Angebault, était à Paris, et qu'il se proposait le lendemain matin de célébrer à la rue de Sèvres la messe à l'intention de la Congrégation nouvellement née. Le jour suivant, à sept heures, les deux amis étaient chez les Lazaristes et s'y associaient au sacrifice offert pour eux par Mgr l'évêque d'An-

gers. Le digne prélat parla à la fin de la cérémonie d'une façon toute paternelle de l'œuvre
qu'il venait bénir. Il poussa même la bienveil-
lance jusqu'à visiter la Communauté et le patronage, et pendant son passage à la rue du Regard,
il compara la Congrégation au grain de sénevé qui
commence par être petit pour arriver progressivement à un grand développement. Sa conclusion
fut qu'il fallait montrer du courage et de la persévérance. MM. Le Prévost et Myonnet n'étaient
pas seuls à la messe de Sa Grandeur. Auprès
d'eux se tenait un jeune homme qui avait été
amené à la Société de Saint-Vincent de Paul par
le président de Saint-Sulpice et qui devait
plus tard être conduit par la même influence
à la nouvelle Congrégation. La visite épiscopale à la maison de Communauté eut lieu le
3 mars 1845.

Myonnet avait, en débutant, peu de goût pour
la surveillance du patronage. Cette jeunesse
bruyante et quasi-indisciplinée ne l'attirait pas;
mais Dieu aidant, il avait joint sa répulsion à la
tristesse de l'isolement, et avait offert au Seigneur
ces deux croix. Son sacrifice lui valut une seconde
consolation émanée encore de son pays. C'était
une lettre de son évêque qui assurait aux deux
fondateurs que Dieu avait fait sienne leur œuvre,

et que, pour marcher lentement, elle n'en prendrait pas moins son développement.

Malgré l'activité du seul Frère en permanence à la rue du Regard, tout ne pouvait être fait par cet homme de bonne volonté : la vie religieuse lui imposait des heures de recueillement et de prière, et la multiplicité des occupations dépassait de beaucoup, à certains moments, les forces humaines de M. Myonnet. Ce dernier était souvent embarrassé et débordé; mais son travail s'appuyant sur la charité, qui est inépuisable, lui attirait du renfort de la part des Conférences. C'est ainsi qu'un membre de Saint-Sulpice lui apportait son aide pour les travaux du ménage. Un peu plus tard, un brave homme de la Sainte-Famille vint pourvoir au service de la cuisine et de la porte. Ces secours arrivaient bien à point, car Myonnet, toujours seul comme Frère, avait des occupations sans cesse croissantes : des écritures à faire, des contrats d'apprentissage à rédiger, des parents à recevoir, des ateliers à visiter, des apprentis à conduire chez le patron qui les admettait. M. Le Prévost ne restait étranger à aucune partie de cette lourde besogne; mais, ainsi que nous l'avons expliqué, il ne pouvait l'accomplir que d'une façon partielle et intermittente. Tout ce qui a été précédemment énuméré n'avait trait qu'au travail de la semaine; mais le service du dimanche était la grosse occupation des directeurs du Patronage, occupation dont nous parlerons en détail.

Quelques mois s'écoulèrent pendant lesquels la situation ne se modifia pas sensiblement en apparence. Au fond, il en était tout autrement, car M. Le Prévost, quoique restant de fait en dehors de la Communauté, en était réellement le chef sous le rapport spirituel, et M. Myonnet, par son dévouement et son abnégation, faisait de grands progrès dans la voie du Seigneur.

Vers la fin de 1845, le premier de ces Frères, inspiré de Dieu, ouvrit des négociations à l'effet de dissoudre le lien civil qui retenait sous le même toit des époux entièrement séparés depuis long-temps par l'incompatibilité des caractères. C'était à cette condition seulement que pouvait s'opérer la réunion en communauté des fondateurs de la Congrégation de la rue du Regard. Le résultat des pourparlers fut que Mme Le Prévost s'en alla vivre à Lyon chez des parents et que son mari n'eut plus à s'occuper d'elle. Cette première liberté obtenue, il fallut, pour s'adonner entièrement à la vie spirituelle et charitable, sortir de l'administration des cultes. Une maladie arrivée à point et des démarches bien conduites eurent pour effet d'obtenir la retraite de M. Le Prévost deux ans avant le terme réglementaire. Et le mois de mars 1846, en même temps qu'il donnait une année d'existence à la Communauté, rassemblait les deux membres qui la composaient et les amenait à prendre l'engagement de *servir les pauvres* et de *ne jamais se séparer*. Ce serment se prêta à la suite d'une retraite faite par les deux fondateurs dans la chapelle des Frères de Saint-Jean de Dieu, rue Oudinot, et non loin de la maison-mère des fils du bienheureux Jean-Baptiste de la Salle.

La Communauté existait donc régulièrement, et des jours, sinon heureux, du moins pleins de consolations, auraient lui pour elle, si M. Le Prévost, atteint par la maladie, n'eût été forcé de se retirer pour un temps à Saint-Valery, dans le but d'y recouvrer les forces nécessaires au service du Seigneur.

De la plage normande, il écrivait à son collaborateur des lettres pleines de résignation, de confiance en Dieu, d'humilité et de charité. Le 25 juin 1846, dans l'une de ces lettres, il faisait connaître à M. Myonnet la prochaine entrée dans la Congrégation, comme troisième Frère, d'un jeune homme qu'il avait amené à la Conférence de Saint-Sulpice, qui avait été se joindre aux deux fondateurs pour entendre à la rue de Sèvres les paternels encouragements de Mgr Angebault, et qui, lui aussi, s'avançait dans les voies du Seigneur en passant de la Conférence de Saint-Sulpice à la Communauté de la rue du Regard. Nous regrettons d'ignorer le nom de cette double conquête de M. Le Prévost, de ce jeune homme qu'il appelait son fils spirituel ; tout ce que nous pouvons dire de lui, c'est qu'il renonçait aux fonctions d'employé au ministère de la guerre pour venir porter de deux à trois le nombre des Frères, et nous saluerons en lui un troisième apôtre de l'abnégation et de la charité.

Les ouvriers du Seigneur dans la petite Communauté étaient donc au nombre de trois. Ce chiffre, sur lequel tout repose dans le monde des esprits comme dans celui des corps, donnait aux religieux une ressemblance avec la Sainte Trinité. Sous l'égide de ce mystère, qui est la clef de voûte de notre sublime religion, ils s'attachaient à ne représenter qu'une âme, qu'un cœur, qu'une volonté. Leurs efforts s'appliquaient d'abord à la conduite du Patronage et à y faire rendre à Dieu, par les adultes, tous les devoirs dus au Créateur. Aidés d'auxiliaires que la charité leur amenait, ils conduisaient les jeunes gens à la rue de Sèvres pour la confession, à Saint-Sulpice et à l'église des Carmes pour la messe, à l'Institution Saint-Nicolas pour le salut.

Ces jeunes gens, logés chez les patrons et astreints par ceux-ci à un travail le dimanche, ne pouvaient assister que tard à la messe. C'était un obstacle à la fréquentation de l'Eucharistie, obstacle qui désola les bons Frères la première année où les communions pascales furent très peu nombreuses. Pour éviter le retour de pareils manquements, ils firent confesser les enfants le soir du jour de Pâques, afin qu'ils pussent approcher de la sainte Table le lendemain, qui était considéré comme fête, et à ce titre, affranchi de tout travail d'atelier.

Une Conférence de Saint-Vincent de Paul avait été établie parmi les jeunes gens du Patronage, et la présidence de cette institution aimée de Dieu fut dévolue à M. Le Prévost, qui avait guidé les premiers pas de l'œuvre d'Ozanam et qui était placé mieux que personne pour diriger les efforts charitables des apprentis de la rue du Regard. Ce ne fut pas un spectacle sans édification que celui de ces jeunes gens secourant la misère par la misère ; et cette innovation, qui montrait la pratique de la charité accessible à tous, faisait prévoir tout le bien que produiraient les Frères de Saint-Vincent de Paul pour l'amélioration du sort des malheureux.

Beaucoup d'apprentis n'avaient pas encore

accompli, malgré leur âge, l'acte primordial de la première communion qui occupe une bien grande place dans la vie, si l'on considère tout ce que la réception de la divine Eucharistie porte avec elle de joies, de forces et de lumières. Aussi, l'un des premiers soins des Frères à la rue du Regard fut-il d'ouvrir un catéchisme de première communion pour les retardataires, et un autre de persévérance pour l'instruction complémentaire des enfants qui s'étaient déjà nourris de leur Créateur. Ces enseignements prenaient un temps assez long au personnel restreint de la Communauté, mais que faire de mieux que de s'attacher à étendre le royaume de Dieu? Du reste, nous l'avons dit, et ce qui se passe de nos jours nous autorise à le répéter bien haut, les Conférences ne manquaient pas d'apporter du renfort à l'instruction religieuse des enfants.

Déjà la bibliothèque de la Sainte-Famille avait été transportée, de la rue de Bagneux, à la rue du Regard, pour rendre les communications plus faciles entre les Frères détenteurs des livres et les pauvres qui venaient chercher les ouvrages destinés à les récréer et à les éclairer. Ces visites continuelles comblaient de joie M. Le Prévost, et cette âme d'élite ne manquait jamais de compatir aux souffrances du prochain malheureux et de panser avec délicatesse les cœurs brisés. Nous avons parlé de la première réunion de la Sainte-Famille ; nous savons ce que le R. P. Milleriot et M. Le Prévost y avaient montré d'amour pour les membres souffrants de Notre Seigneur Jésus-Christ. Ce qui nous reste à dire sur ce sujet, c'est que les assemblées ultérieures de l'œuvre ne le cédèrent en rien à leur aînée. Le Révérend Père de la Sainte-Famille et le fondateur s'efforcèrent toujours de consoler les affligés, de plaindre leur infortune et de les amener à l'espérance qui fait cortège à la foi et à la charité. Le P. Milleriot a montré aux prêtres tout ce qu'il y a à faire dans le sacerdoce pour l'amélioration du sort des travailleurs. Le vénérable religieux, pénétré du passage de l'Évangile : *Allez, enseignez toutes les nations, les baptisant au nom du Père, et du Fils et du Saint-Esprit,* y trouvait la force et la réussite de l'apostolat, et le grand nombre de prêtres, qui ont suivi ses traces, ont pénétré auprès de l'ouvrier et du pauvre et y ont répandu la bonne nouvelle d'une façon efficace.

CHAPITRE V

Depuis la fin de l'année 1846, les œuvres du Patronage, de la Bibliothèque, de la Sainte-Famille et de la Caisse des loyers avaient leur siège à la Communauté de la rue du Regard, où résidaient les trois Frères que nous connaissons. Les religieux s'adonnaient à la prière et secouraient la misère ; mais le Patronage prenait la plus grande partie de leur temps. L'apprenti, d'une façon générale, étant dans une situation mal définie, se trouvait surtout l'objet d'abus criants de la part de patrons désireux de soutenir une concurrence sans frein. La surveillance des Frères devait donc s'exercer d'une façon particulière sur la condition de leurs jeunes gens, et leurs efforts devaient tendre à protéger ces enfants contre les duretés de l'atelier. De là des courses sans fin et des déplacements continuels.

D'autre part, une réunion des apprentis le dimanche seulement ne constituait pas une communication suffisante entre surveillants et surveillés. Nous avons vu qu'on avait ouvert la bibliothèque d'une façon permanente; on fit de même pour le Patrónage. L'œuvre du Catéchisme continuait à fonctionner au gré des Frères; mais les exercices spirituels de ces religieux étaient un peu en souffrance, et les membres de la Communauté voyaient avec peine les recommandations de Mgr Angebault insuffisamment exécutées. Plus récemment encore, M. l'abbé Beaussier avait bien déclaré, aux trois membres de la Communauté, que la grande affaire pour eux était de former Jésus-Christ dans leur cœur, d'unir les âmes dans sa charité, de se faire à la vie commune et de devenir des hommes intérieurs. Selon le saint prêtre, les œuvres extérieures ne devaient venir qu'après les obligations religieuses. M. Le Prévost et ses deux assesseurs ne savaient comment satisfaire à ces conseils dont ils comprenaient toute la valeur; ils ne voyaient aucun moyen de mener de front et d'une manière égale la vie intérieure de communauté et le service charitable des pauvres dans la petite maison de la rue du Regard. Le manque d'espace, d'une part, et la difficulté de devenir des hommes intérieurs, amenaient de grosses inquiétudes qui assombrissaient la pensée des fondateurs préoccupés du sort de l'Institut.

Quoique le règlement ne fût pas entièrement appliqué, sous le rapport des exercices pieux de la vie religieuse, au gré des conseillers dont nous avons parlé plus haut, on était bien uni dans la charité et on priait au centre de la Congrégation. M. Le Prévost n'était pas le moins fervent dans les demandes adressées au Très-Haut. Il ne cessait de l'invoquer à tout moment, de le solliciter pendant le travail et pendant le repos pour l'accroissement du grain de senevé encore peu développé; car la communauté, encore petite par le nombre, pouvait tomber dans le relâchement par le défaut de recueillement et d'études pieuses. Et cette persistance dans la prière, cette sorte de violence faite au Père tout-puissant qui aime qu'on lui expose à chaque instant ses besoins, ne resta pas sans réponse : une sainte femme, connue sous le nom de Sœur Geray, vint trouver M. Le Prévost, et lui offrit, à titre gratuit, une maison achetée par elle, rue du Commerce, n° 75, à Grenelle, pour l'établissement d'une œuvre qu'elle avait dû abandonner.

Le donateur bienfaisant, qui avait tous les fonds à la disposition de Mme Geray pour cette acquisition, avait stipulé que l'immeuble acheté

On procéda à des baptêmes. (p. 62)

serait consacré à une institution pieuse. La Congrégation remplissant cette condition, l'offre était valablement faite. Elle fut acceptée avec reconnaissance. Cette maison était assez vaste, et comme elle ne coûtait rien, elle allégea les charges de la Communauté. Enfin elle permit aux Frères de se conformer aux avis paternels de Mgr Angebault et de M. l'abbé Beaussier, c'est-à-dire de rechercher le calme et le recueillement. On s'installa rue du Commerce, le 1er mai 1847.

En entrant dans la nouvelle résidence, si opportunément donnée par la Providence avec l'intermédiaire de la Sœur Geray, M. Le Prévost, aidé des RR. PP. Guidée et Milleriot, adopta une règle nouvelle plus appropriée aux promesses des fondateurs et plus praticable dans le domicile récemment élu. A la fin de l'année, ce règlement fut solennellement inauguré, et M. Le Prévost, à titre de Supérieur, reçut de ses deux Frères, en présence de l'abbé Beaussier, la promesse formelle d'obéissance. De son côté, il prit l'engagement de ne pas abuser de son pouvoir et de ne l'employer que pour le bien de tous et la plus grande gloire de Dieu. Ces vœux, quoique définitifs dans la pensée des contractants, devaient être renouvelés tous les ans, à la fête de la Présentation.

Chaque matin, après l'audition de la messe, à

l'église de Grenelle, les Frères prenaient un déjeuner et se rendaient à la rue du Regard, où était resté le siège des œuvres. On n'avait pas le service sous la main ; mais avant de s'y rendre et après l'avoir quitté, on pouvait pratiquer la vie spirituelle, s'adonner à la prière comme de vrais religieux, avantages qui n'existaient pas avant l'arrivée à Grenelle. Oh ! que le bon et pieux Le Prévost goûtait cette nouvelle existence, et comme il en manifestait son contentement avec reconnaissance ! Dans une lettre adressée à ses collaborateurs pendant un voyage en Normandie, nous lisons les lignes suivantes, signées du bon Supérieur :

« Je bénis Dieu qui daigne former déjà en nous l'esprit de famille et consolider de jour en jour notre union ; à distance, je trouve notre situation bonne, providentielle et telle que nous puissions la souhaiter. J'y voie les éléments d'un bon avenir, si nous savons nous accommoder en tout de nos petits commencements et ne demander ni à nos œuvres, ni à notre constitution, ni à nous-mêmes ce qu'un développement successif devra seul apporter. Il dépendait sans doute du Seigneur, qui a mis en nous un germe de vie, de le faire croître et fleurir tout d'un coup ; il pourrait consolider nos œuvres, augmenter nos forces, nous pousser plus sensiblement dans la perfection ; mais il ne lui plaît pas de

procéder ainsi ; il a mis dès le commencement six jours à façonner le monde, et depuis, il n'y opère rien d'ordinaire qu'avec un travail lent, mesuré qui avance, mais qu'on ne voit pas marcher. Entrons dans ce mouvement, chers amis, sans hâte comme sans mollesse, suivant le pas de Dieu ; avec lui nous irons sûrement et nous attendrons notre fin.

» Chaque pas nous porte au but ; nous n'avons pas désespéré de notre temps, de notre pays, de nos frères. Nous avons pensé que, dans ce mouvement vague et faible encore du peuple vers la foi, il y avait quelque élan, quelque promesse féconde ; nous ne nous sommes pas trompés. C'est la charité qui suscite tout autour de nous ; c'est elle qui réveille les âmes, les pousse, et les rallie. C'est elle aussi qui nous emporte et nous enveloppe dans son action. La charité ne faiblit pas et ne reste pas en chemin ; une fois allumée, il faut qu'elle s'étende, brille et porte au loin sa chaleur. »

Ces lignes de M. Le Prévost montrent les aspirations de la Congrégation, l'espérance des Frères en un développement progressif, le but charitable qu'ils poursuivaient. Elles peuvent passer pour un commentaire complet des trois vertus théolologales : foi en Dieu, espérance de l'extension de la Communauté d'abord et de la vie éternelle ensuite, amour du Créateur et du prochain.

Au moment où éclatait la révolution de 1848, M. Paillé, avocat à la Cour d'appel de Paris, entrait dans la Communauté de Grenelle. Il n'était pas un inconnu pour les Frères, puisqu'il était venu à la rue du Regard prêter secours à M. Myonnet, surchargé de besogne. Il était familiarisé avec les œuvres qu'il avait fréquentées, comme membre des Conférences ; enfin, il avait visité les malades et pris part aux réunions de la Sainte-Famille. L'instruction du nouveau venu, ses goûts pour la vie intérieure, un certain avoir personnel allaient constituer un renfort précieux pour la Congrégation peu riche en ouvriers, peu riche en ressources pécuniaires. Quoique délicat de santé, le quatrième membre de la Communauté, âgé à peine de trente-deux ans, devint pour le Supérieur, déjà très fatigué, une sorte d'appui dans ses déplacements continuels.

Ainsi, en trois ans, la Communauté n'a pas considérablement crû en nombre. Elle n'a recruté que quatre membres ; mais ces religieux astreints aux vœux qui protègent tous les ordres, sont unis en Dieu, se complaisent dans la vie intérieure qui fait les pieux serviteurs du Seigneur et dans l'assistance des pauvres qui forme les vrais soldats de Jésus-Christ.

CHAPITRE VI

Le quartier de Grenelle contenait beaucoup d'ouvriers chez lesquels la misère morale était au moins aussi grande que l'infortune matérielle. Les Frères de Saint-Vincent de Paul, que Dieu avait envoyés là à dessein, ne tardèrent pas à constater le mal. Comment ces médecins de l'âme amenés par la Providence n'auraient-ils pas aperçu la plaie qu'ils avaient à soigner? Nous n'avons pas besoin de dire qu'ils s'attachèrent de suite à y apporter remède.

M. Le Prévost pensa qu'une Conférence serait une œuvre excellente pour combattre l'irréligion du peuple qui l'entourait et pour diminuer l'indifférence de la bourgeoisie de Grenelle. Il en avait fondé déjà une à la rue du Regard, et plus anciennement, il avait posé les premières pierres du superbe édifice dû au zèle d'Ozanam. Il rassembla dans la sacristie de l'église de Grenelle, avec la permission de M. le curé, quelques hommes de bonne volonté, et la Conférence se trouva constituée. Dans les premières séances on vit arriver des confrères de Saint-Sulpice, qui apportèrent du renfort à l'œuvre, et cet appui charitable fut un stimulant pour les paroissiens de Grenelle. A côté de la visite des pauvres se rangèrent des annexes, et ces branches de l'arbre, loin d'affaiblir le rameau principal, ne firent que le fortifier. C'est ainsi qu'une bibliothèque, ouverte dans un local contigu à la maison de Communauté, mais indépendant d'elle, attira les enfants d'abord, puis les familles ensuite. Ces dernières se présentant à toute heure pour avoir des livres, on trouvait bien des occasions de les voir, de leur parler de Dieu, de leur expliquer ce que Jésus-Christ était venu faire sur la terre. En multipliant les enseignements, on régularisa au point de vue religieux bien des situations fâcheuses; on procéda à des baptêmes; des mariages furent célébrés. Les confessionnaux furent fréquentés par des ignorants et des indifférents créés et mis au monde pour connaître Dieu, mais qui n'avaient pas encore répondu à cette noble destinée.

En voyant M. Le Prévost et ses trois assistants commencer leurs œuvres, le bon curé de Grenelle avait un peu douté du succès; mais quand il constata les progrès accomplis, il remercia avec effusion saint Vincent de Paul de lui avoir envoyé les enfants de M. Le Prévost et les compagnons d'Ozanam, qui avaient si bien semé et si bien récolté pour la gloire de Dieu.

Grâce au prêt des livres, ce ne fut pas seulement dans la population ouvrière que se propagea la bonne doctrine, mais les casernés de l'École militaire vinrent chercher à la bibliothèque le doux passe-temps de la lecture.

Le soldat sans religion et sans Dieu est le plus malheureux de tous les hommes et le plus mécontent des citoyens; mais quand la foi et la morale sont entrées dans son âme, il est le véritable gardien de son pays. Qui n'a pas remarqué les profonds sujets d'édification donnés par les militaires qu'on trouve au nombre des fidèles de nos églises? M. Le Prévost et ses trois Frères, en prêtant des livres à ces serviteurs de la France, répandaient au milieu d'eux les conseils, les exhortations, le parfum des bonnes vertus, et les résultats de cet apostolat militaire comblèrent de joie M. le curé de Grenelle, les religieux de la rue du Commerce et même les officiers de l'École militaire. Ces derniers savaient que les enseignements saints corroborent toujours les règles de la discipline et que la meilleure école de dévouement à la patrie est la pratique des vertus chrétiennes.

Tout n'était pas fait dans la paroisse de Grenelle; il restait encore beaucoup à accomplir. Les enfants de la première communion étaient très ignorants et parfois rebelles à l'étude du Catéchisme. Les Frères, déjà familiarisés avec le travail d'instructeurs, sur la demande de M. le curé, recrutèrent les plus retardataires des garçons, ceux dont on avait le moins soigné le moral, et avec le zèle et la patience que nous leur connaissons, ils obtinrent des succès qui furent bénis des parents, des enfants, du clergé paroissial, des instructeurs eux-mêmes. Une circonstance va nous montrer combien M. Le Prévost était infatigable quand il s'agissait de procurer la gloire de Dieu. Pendant que le Gouvernement provisoire cherchait à asseoir son autorité et à organiser sa conquête, la Communauté de Grenelle songeait, au printemps de l'année 1848, à glorifier la Reine des cieux pendant le mois de mai qui lui est consacré. On sait combien est populaire, en France, le culte de Marie. *Regnum galliæ, regnum Mariæ.* On sait de quel respect est honorée chez nous Celle que, dans le peuple, on appelle la *Bonne Dame.* Nous savons aussi, par les

Fourneau économique. (p. 72.)

apparitions de la Salette, de Lourdes et de Pont-
main, combien la Sainte Vierge tient à répondre
aux hommages de la fille aînée de l'Église. Le
projet des Frères de Grenelle, outre son caractère
de piété, était donc marqué au coin d'uue oppor-
tunité incontestable. M. Le Prévost, dans le but
de mettre son dessein à exécution, vint trouver
M. le curé de la paroisse et lui proposa d'organiser, dans son église, un mois de Marie solennel,
en collaboration avec la Conférence locale présidée
par l'un des quatre membres de la Communauté.
Le digne pasteur, par crainte d'un échec, se montra
tout d'abord hésitant ; mais, devant les instances
du chef de la Congrégation et la promesse d'un
prédicateur recherché, le P. Milleriot, son incertitude disparut et les préparatifs commencèrent.
Les fils de Saint-Vincent de Paul ne négligèrent
rien pour triompher de l'indifférence des habitants
et exciter leur curiosité. On apposa une tenture de
calicot bleu sur les murs de la chapelle de la
Vierge, sans oublier les étoiles qui expriment si
bien la vertu éclatante de Marie ; des arbustes
chargés de fleurs formèrent, par leur juxtaposition,
de vrais massifs qu'éclairaient des lanternes
cachées par le feuillage. Une splendide Madone,
peinte sur une toile transparente, représentait la
Vierge offrant son Fils à l'adoration des fidèles. Des

cantiques, s'adaptant parfaitement aux cérémonies
et aux voix des exécutants choisis d'avance, furent
soigneusement étudiés. Enfin, des notices, indiquant l'ordre et la nature des exercices religieux,
furent mises en circulation et répandues par les
habitués de la bibliothèque. A tant d'activité et à
tant de zèle répondit une superbe ouverture suivie
de magnifiques réunions du Mois de Marie. La
bonne Mère tenait pour agréable, en les bénissant,
les efforts des fils de Saint-Vincent de Paul. Le
sanctuaire était trop petit pour contenir la foule
immense attirée aux pieds de la Reine des cieux.
Le P. Millériot, dont la parole populaire exerçait
une sorte d'attraction, fut écouté attentivement.
Son enseignement fit un grand bien dans le
quartier, et prépara pour la suite des succès aux
apôtres qui vinrent prêcher dans l'église de Grenelle.

Le catéchisme, ouvert par les Frères en vue
de la première communion et pour aider le clergé
de la paroisse, avait donné d'excellents résultats,
et pour rendre l'œuvre durable, on résolut de récompenser la bonne volonté et le travail des
enfants par des distractions.

A cet effet, M. Le Prévost obtint du maire de
Grenelle un local sans emploi et suffisamment
vaste; il y installa un gymnase, y établit quelques

jeux agréables à la jeunesse, y plaça des bancs, et ouvrit les portes de ce milieu récréatif aux élèves du catéchisme en leur expliquant que c'était un patronage qui les recevait dans son sein. M. le curé, toujours heureux de voir sa paroisse s'avancer dans la voie du Seigneur, ne manquait pas, le dimanche soir après les vêpres, de venir faire entendre sa parole paternelle à la jeune assistance.

C'est ainsi que la piété, le zèle, l'union des Frères et du clergé triomphèrent de l'indifférence et améliorèrent sensiblement un quartier presque entièrement étranger à la pratique religieuse.

CHAPITRE VII

La révolution de février, malgré l'effervescence
qu'elle développa dans les cerveaux ouvriers, ne
nuisit en rien aux Frères de Saint-Vincent de Paul
et aux œuvres qu'ils dirigeaient avec tant de foi et
de charité; on peut même dire qu'elle fournit,
aux membres de la Communauté de Grenelle,
l'occasion de se multiplier en vue de soulager la
misère. On peut expliquer ce fait par la reconnaissance populaire qui sait parfois discerner ses
amis; mais on peut aussi attribuer la préservation
des Frères à leur vêtement laïque, vêtement dont
la forme avait été prévue dans les premières règles
établies par les fondateurs en 1845.

Dans ces tristes jours où l'émeute grondait et
où le canon lui répondait non sans effusion de

sang ni déchaînement de colères, M. Le Prévost ouvrit, en mars 1848, avec les petites cotisations recueillies à la Sainte-Famille, une maison de retraite pour les vieillards infirmes, et nous retrouvons, dans cet asile de l'âge et de la maladie, les deux vieilles femmes de la rue du Vieux-Colombier, que le Président de la Conférence de Saint-Sulpice entourait de soins touchants. La maison, placée sous le patronage de la Vierge, a été nommée *Notre-Dame de Nazareth*.

Malgré les mouvements populaires, occasionnés par la commotion de février, le Patronage fonctionna toujours; il eut même, du fait de la crise industrielle et du chômage qui en résulta, un surcroît de vie qui se traduisit pour les Frères par une augmentation de charges laborieuses et pécuniaires. Les jeunes gens renvoyés des ateliers ne trouvaient pas toujours à manger chez leurs parents appauvris par le manque d'ouvrage, et c'était une étroite obligation de nourrir cette jeunesse inoccupée et affamée. Il fallut donc, pour des besoins nouveaux, créer des ressources nouvelles, et les Frères décidèrent que les salles du Patronage de la rue du Regard seraient converties en ateliers où l'on occuperait les adultes à des travaux promis par quelques industriels de bonne volonté et non atteints par la crise. Cette heureuse innovation fut particulièrement goûtée par les parents ouvriers dont, du même coup, les enfants échappaient à l'oişiveté et gagnaient un petit salaire. Entrés dans cette voie, les Frères y persévérèrent résolument, et lorsque le temps pascal arriva, ils organisèrent une retraite qui, comme toutes les formes de recueillement, porta de bons fruits. Elle était bénie de Dieu la maison qui avait diverti les enfants, les avait occupés au travail et les entraînait maintenant, malgré les agitations de la rue, au service du Créateur.

« A quelque chose malheur est bon! » dit un vulgaire proverbe : le chômage de l'ouvrier, calamité terrible pour tout le monde, fut une occasion pour la Congrégation de Grenelle de montrer ce que peut produire de travail utile et élevé le religieux dont la vie est humble, sainte et austère. Ils avaient bien de la besogne ceux dont nous voulons parler, mais cela ne les empêchait de vivre en Dieu, de le prier d'agréer leurs efforts; et cette offre fut agréée, puisqu'ils purent établir, d'une façon pratique, en ce temps de misère, une institution bien nécessaire dans le quartier de Grenelle. Ce fut un restaurant à bon marché où, pour un ou deux sous, on trouvait des aliments en légumes, viande et riz. C'était, en d'autres termes, un fourneau économique dont l'administration put constituer une besogne écrasante pour leurs forces physiques, mais dont les bienfaits donnèrent satisfaction à la charité qui débordait de leur cœur.

On peut noter que c'est le 6 décembre (fête de saint Nicolas) 1848 que commença à fonctionner le premier fourneau économique à Paris, et nous insistons sur cette date, pour montrer que les œuvres similaires, qu'on voit établies sur les paroisses ou dans les Conférences de Saint-Vincent de Paul, ne sont pas d'invention récente, puisqu'elles ont plus de quarante ans d'existence.

On a peine à s'expliquer comment un si petit nombre d'hommes pouvait parvenir à donner tant de travail, à s'occuper de tant de choses ; et si la question semble difficile à résoudre au point de vue naturel, M. Le Prévost va en donner une solution surnaturelle.

« *Notre tâche*, écrit-il, *est de prier, d'édifier le prochain, de l'assister dans les peines, de relever les cœurs trop inclinés aux choses d'ici-bas. Quel plus noble emploi de notre vie ! Je ne sais, quand j'y pense, comment bénir le Seigneur, qui, de préférence à tant d'autres, daigne nous admettre à de si grandes œuvres.* »

Ce langage fait penser au *Magnificat* et à la Sainte Vierge, expliquant à Élisabeth que *le Sei-*

gneur a regardé la bassesse de sa servante que les générations appelleront bienheureuse.

« *Contemplons sans cesse le doux Jésus*, continue le Supérieur, *dans ses divers états. C'est notre part en ce monde, ce sera notre joie éternelle en l'autre.* »

Ce qui suit n'a plus trait à la bénédiction envoyée par Dieu aux œuvres de la Communauté, mais aux malheurs publics et aux causes dont ils proviennent. Ces paroles sont à méditer.

« *La misère n'existe réellement, dit-il, que là où fleurit l'industrie ; non pas que le travail de l'homme soit maudit dans cette forme plus que dans une autre, mais parce que l'ouvrier est placé dans des conditions qui lui font oublier Dieu, et qu'il ne revient pas à lui par la prière ; parce qu'il n'est plus en présence des grands aspects de la nature ; parce que son œuvre lui est exclusivement propre et n'est pas, comme dans les travaux des champs, faite en association avec le Créateur ; parce qu'enfin le prix de son labeur n'est pas la moisson, les vendanges, tous les admirables fruits de la terre, mais l'argent qui ne représente pour lui qu'un moyen d'échange ou la satisfaction des besoins matériels. Il semble qu'il manque à la gloire du christianisme d'avoir spiritualisé et ennobli l'industrie moderne comme il a vivifié et relevé le travail dans tous les temps. Serait-ce que l'industrie, telle qu'elle est aujourd'hui*

On l'avait vu, durant les grands froids, rentrer bien tard
avec un soldat égaré et un pauvre. (p. 88.)

constituée, produit d'une concurrence jalouse, des prétentions égoïstes des uns, des exigences injustes des autres, de la cupidité de tous, est radicalement perverse et rebelle à tout amendement? Je ne sais, mais à voir l'immensité du mal, on s'en afflige, et l'on est tenté de le croire sans remède. Nous continuerons pourtant, nous autres, très chers amis, à travailler à cette grande tâche par nos toutes petites œuvres et dans la mesure de nos forces, nous patronnerons nos apprentis, nous moraliserons quelques pauvres ouvriers, sans nous étonner des difficultés, sans nous décourager de nos minces résultats. . . . . . .

. . . . »

« Que nous serons heureux, chers Frères, et que nous serons forts, si nous sommes bien convaincus, un jour, que la prière est la seule grande puissance du monde! Prions beaucoup, mes chers amis, et nous soulèverons, par la prière, ces masses corrompues par le souffle de l'industrie. . . . . . .

. . . . »

« Nos œuvres sont de futiles jeux d'enfants sans proportion avec leur fin, si la prière ne les seconde et n'agrandit leur action; notre seule force est là avec notre paix aussi et l'unique douceur de la vie. . . .

. . . . »

C'est ainsi que Dieu permet les catastrophes pour confondre les uns, pour exciter la piété et la charité des autres, pour montrer que de petites causes peuvent produire de grands effets, pour instruire enfin tous les siens sur l'inanité des choses de ce monde et sur la nécessité de la prière. Heureux Le Prévost! vous n'avez pas tardé à voir le profit que donne la vie de recueillement. Vous avez, avec vos Frères, adopté cette vie intime du religieux, vos œuvres vont croître. Vous trouverez certainement des traverses sur la route du ciel où vous vous avancez sûrement; mais, ouvrier du Seigneur, vous serez béni au moment opportun dans vos efforts charitables!

CHAPITRE VIII

Le Supérieur des Frères de Saint-Vincent de Paul était d'avis que sa Communauté avait à se fortifier à l'intérieur et à se fonder solidement avant de s'étendre au dehors. Cette opinion fut partagée par Mgr Angebault, évêque d'Angers, dont nous avons remarqué la consolante intervention au début de la Congrégation. Ce prélat, étant venu à Paris, se rendit à la maison de la rue du Commerce, s'y unit de prières avec la Communauté, et exhorta les membres à persévérer dans la piété et dans l'amour des pauvres pour devenir forts et puissants en œuvres. Sa Grandeur voyait dans l'extension lente de l'institution, dans sa croissance pénible, un gage de prospérité pour l'avenir, et elle insista, dans ses conseils paternels, sur la protection particulière dont Dieu couvre ceux qu'il retient dans l'oubli et dans l'effacement. Certes c'était bien le cas des Frères de Grenelle, et il y a à noter que la pensée de Mgr Angebault était identique à celle de M. Le Prévost.

Les espérances et les vœux de ces deux âmes d'élite ne tardèrent pas à se réaliser.

Avant de donner du développement au personnel de la Congrégation, Dieu voulut se donner lui-même à la Communauté en venant habiter sous le même toit qu'elle.

A la rue du Commerce, il n'y avait qu'un simple oratoire où les religieux se rendaient pour les prières en commun et les actes d'adoration que chaque Frère faisait isolément dans ses moments de liberté. Les Frères demandaient à l'autorité diocésaine la permission de faire célébrer une messe hebdomadaire dans cette chapelle, non pas pour leur commodité personnelle dont ils n'avaient nul souci, mais pour avoir un rapport de plus avec le sacrement de l'amour, la divine Eucharistie. Cette requête fut abondamment accueillie; non seulement la messe de semaine allait être accordée, mais le sacrifice quotidien pourrait être offert chaque jour dans l'oratoire, devenu chapelle. C'est grâce à l'amitié d'un cercle de prêtres réunis, rue Cassette, en petit comité, et joints entre eux par leurs éminentes qualités, que la faveur d'une messe quotidienne échut au sanctuaire de la rue du Commerce. Désignons, comme promoteurs de cet insigne privilège, MM. les abbés de Ségur, de sainte et angélique mémoire; Gay, qui devint plus tard évêque d'Anthédon; Le Rebours, dont les vertus brillaient dans l'une des premières paroisses de Paris; enfin les abbés de Conny et Gibert, que nous avons vus autour d'un prélat bien cher à notre cœur, puisqu'il dirige depuis quarante-deux ans, avec la charité, la sainteté et la fermeté évangéliques, notre diocèse d'origine.

Cette réunion d'ecclésiastiques aimait M. Le Prévost comme l'aimaient tous ceux qui l'approchaient, et plutôt que d'apostiller simplement sa requête, elle prit sur elle, sans en rien dire, de solliciter pour la Congrégation une faveur plus étendue que celle de la messe de huitaine.

Nobles prêtres! vous saviez, comme Mgr d'Angers, que la récompense devait venir aux bienfaiteurs des pauvres; mais c'est un éclatant mérite pour vous de l'avoir appelée sur les humbles religieux de Grenelle. Oh! que la nouvelle de la présence du Très Saint Sacrement dans sa maison combla de joie M. Le Prévost. Nous ne pouvons répéter tout ce qui s'échappa d'actions de grâces de son cœur profondément attendri; mais nous n'étonnerons personne en disant qu'il s'écria : « *Domine, non sum dignus ut intres sub tectum meum,* » et qu'il proclama qu'en venant prendre domicile dans la Communauté, le bon Maître né se donnait plus à chacun des Frères en particulier, mais se consacrait ainsi définitivement à la Congrégation tout entière.

Le Bien-Aimé, ajouta-t-il, *en entrant sous notre toit, y viendra avec la croix ; c'est son seul trésor, c'est tout ce qu'il possède et apporte à ses hôtes, c'est son livre, c'est sa science pour les enseigner, c'est sa force pour les aguerrir et les former : qu'il soit le bienvenu et sa croix avec lui !*

C'est le 15 octobre 1849, jour de la fête de sainte Thérèse, Mère du Carmel, que Notre-Seigneur fit son entrée dans le tabernacle de la rue du Commerce. Chacun des membres du Comité de la rue Cassette tint à faire escorte au divin Maître et à faire offrande, à la chapelle, d'ornements destinés au culte. M. l'abbé Gibert célébra la messe et commenta, après l'évangile, la célèbre parole de sainte Thérèse : « *Oh ! si l'on savait quel grand événement c'est pour le monde qu'un tabernacle de plus sur la terre !* » Le digne prêtre, dont le talent ne le cédait pas à la sainteté, remua profondément son auditoire. C'est que le sujet était non seulement de circonstance, mais qu'encore il était traité pour la plus grande gloire de Dieu et pour appeler un surcroît de grâce dans un milieu où elle avait déjà produit des fruits bien abondants et bien visibles.

M. l'abbé Beaussier fut le premier desservant de la chapelle, et il venait y célébrer la messe toutes les semaines, avant d'assister au Conseil de la Communauté.

Quelques mois après, le sanctuaire de la Congrégation était admis au privilège des Quarante-Heures.

Les Quarante-Heures, qu'on appelle aussi Adoration perpétuelle, sont une réparation instituée depuis longtemps par l'Église pour effacer les scandales causés par l'impiété licencieuse ; elle consiste en l'exposition du Très Saint Sacrement le dimanche de la Quinquagésime, le lundi et le mardi suivant. Seulement, comme le culte des Quarante-Heures, pour devenir Adoration perpétuelle, devait être pratiqué à toutes les époques, on a partagé, dans chaque diocèse, l'année en périodes de trois jours, pendant lesquels se fait l'exposition de la sainte Hostie dans chaque paroisse ou dans chaque chapelle.

Notre-Seigneur s'était donné sans réserve à la Communauté des Frères, en venant habiter au milieu des religieux ; mais le divin Maître, ce Roi des rois, avait besoin d'un ministre dans la Congrégation qu'il venait de traiter si gracieusement, et il choisit, pour ce poste bien enviable, M. l'abbé Planchat, déjà affilié aux œuvres avant d'être prêtre. Ce fut le cinquième membre de la Communauté. L'arrivée de cet ecclésiastique pieux et charitable que, dans une heure d'égarement, le peuple de Paris immola à ses fureurs, donnait non seulement un ministre pour l'autel où Dieu voulait être servi, mais elle apportait à la Congrégation un secours précieux pour l'instruction religieuse des pauvres. Le prêtre, est-il besoin de le dire, peut être secondé par le laïque; mais dans aucun cas, sauf pour le baptême, il ne peut être suppléé par lui; en sorte que toutes les préparations au catéchisme, à la confession, à la communion et à l'extrême-onction avaient besoin d'être couronnées par un ministre du Seigneur. L'abbé Planchat, ami de la Communauté, avait probablement vu, sous l'inspiration de la charité, ce qui manquait aux œuvres actives de Grenelle, et il venait, en homme de bonne volonté auquel la paix est acquise, combler la lacune. Des formalistes présentèrent bien quelques objections sur l'union du sacerdoce et des Frères vêtus du costume laïque; mais on ne s'y arrêta pas, parce que le secours apporté par le prêtre répondait trop aux besoins réels de la Congrégation. Quant à la pensée de M. Le Prévost sur la recrue précieuse qu'il venait d'opérer, nous la rencontrons dans les lignes suivantes :

« *Notre petite association ne trouvera son complément que dans une union intime avec quelques saints prêtres qui voudront bien, dans la charité et l'humilité du Seigneur, nous accepter pour frères et pour amis.* »

Il semblait que le règlement, qu'on avait élaboré en deux fois, dût, à l'arrivée de M. Planchat, subir un changement ; il n'en fut rien. On décida qu'on s'en remettrait à la Providence, et que, Dieu aidant, l'ancienne Constitution resterait la charte de l'œuvre.

Par l'oraison et l'assistance des pauvres, la Congrégation avait obtenu des grâces de prix. Le grain de sénevé avait grandi, non pas par de brusques poussées, mais par une extension progressive et régulière. Le champ, sur lequel il avait été planté, plaisait apparemment au Seigneur, puisqu'en 1850, outre ses cinq Frères connus, l'Ordre comptait trois nouveaux membres et deux postulants.

CHAPITRE IX

De même que la maison de la rue du Regard
était devenue trop petite pour le service des
œuvres et le logement des Frères, de même l'immeuble donné par la Sœur Geray ne pouvait plus,
à la fin de 1850, suffire à abriter une Communauté qui grandissait de jour en jour. Une catholique zélée et son fils, courageux soldat de Pie IX,
proposèrent à M. Le Prévost de lui fournir une
vaste maison dans laquelle serait aménagé un
orphelinat sous la direction de ses religieux. On
se mit vite d'accord. L'autorité diocésaine couvrit
de sa protection l'entreprise, et M. Myonnet,
assisté du Frère François, comme professeur, fut
chargé d'ouvrir, 39, rue de l'Arbalète, la maison
d'orphelins que, dans son inépuisable bonté, la
Providence donnait aux enfants sans parents. Les
recueillis, d'abord en petit nombre, trouvèrent

dans la maison un matériel bien primitif et un
maigre budget à la disposition de leurs besoins ;
mais Dieu ne les abandonna pas, et s'ils rencon-
trèrent des épreuves sur leur route, ce ne fut que
pour un temps. Ils étaient environ quarante, et le
personnel dirigeant comptait, outre les deux fondateurs précités, cinq ou six Frères, quand ces
derniers, insuffisamment trempés dans la vocation, lâchèrent pied, laissant le groupe compact
d'orphelins à la surveillance de M. Myonnet et du
Frère François. L'épreuve, que le départ des
fuyards infligea à la Communauté, ne laissa pas
d'affliger les religieux que nous connaissons déjà
comme des hommes de dévouement et de zèle. On
pria rue de l'Arbalète, on pria rue du Commerce.
M. l'abbé Beaussier, directeur spirituel de la
Congrégation, sollicita aussi le Ciel. Après avoir
mûrement délibéré, on trouva un remède à la
situation présente et aux défections ultérieures en
adoptant une profession de vœux qui engageraient
pour la vie les Frères au service des pauvres. Une
retraite devait précéder cette prestation de serment. Le jour venu pour la cérémonie de l'engagement, ces âmes pieuses, qui menaient de
front les œuvres extérieures et le recueillement,
promirent de ne jamais se départir du soulagement de la misère, et prirent en partage, sans

restriction ni hésitation, la pauvreté, l'obéissance
et la chasteté, qui devenaient la règle de toute
leur vie. L'inquiétude disparut alors de leur cœur
pour y laisser entrer ce doux calme qu'on ressent
inévitablement lorsque Dieu n'est pas loin.

M. Myonnet, débarrassé de la surveillance de
la rue du Regard qu'il avait conservée malgré sa
direction de l'orphelinat, put s'adonner complètement à cette dernière œuvre.

L'abbé Planchat, qu'on appelait le *Prêtre des
pauvres,* succombait sous le poids des travaux du
ministère divin et de la charité. On l'avait vu,
durant les grands froids, rentrer bien tard avec
un soldat égaré et un pauvre, engourdi par la
basse température. Pendant ses courses, il était
tombé de faiblesse, et ces fatigues l'avaient mis
dans un tel état qu'on dut l'envoyer en Italie pour
refaire ses forces. Il était à Rome, dans la ville
éternelle, quand on prononça dans la Communauté les vœux, en vue de garantir la solidité de
la Congrégation. Pour affirmer son union avec les
autres membres, il souscrivit, du tombeau des
Apôtres où il se trouvait, à ces engagements qui
devaient affermir les Frères dans la vie d'apostolat de charité et de recueillement qui s'impose
au soldat du Christ désireux de suivre son chef.

Les vœux inspirés par la Providence si à pro-

Il y avait dix ans que Marie était apparue à deux petits bergers du Dauphiné. (p. 100.)

pos pour arrêter les défections ont trop d'importance pour que nous n'indiquions pas toute la pensée de M. Le Prévost à cet égard :

« *Les membres de la Communauté*, selon lui, *en s'associant pour se sanctifier et opérer ensemble quelque bien, n'avaient aucune vue arrêtée relativement aux liens qui serviraient à les unir. Ils avaient réservé la question des vœux ; mais la divine Providence, qu'ils avaient prise pour guide, les a conduits comme insensiblement. Ils ont vu dans la pratique qu'à part même les grâces et la sainteté de cet engagement, ils composaient une force pour la stabilité de l'œuvre en même temps qu'un mérite qui en accroissait la dignité.* »

Suivant avec docilité l'inspiration de la Providence, M. Le Prévost avait marché graduellement. Il avait d'abord pratiqué la charité autour de lui ; il avait ensuite, sans abandonner l'assistance du prochain, adopté la vie de communauté basée sur des promesses.

Enfin il arrivait, guidé par les lumières du Ciel, aux vœux qui font le vrai religieux. C'est ainsi que ce pieux fondateur, sans rien presser, mais aussi sans rien négliger, a suivi avec patience la croissance du grain de sénevé, l'a laissé germer et se développer, pensant bien que Dieu se chargerait des transformations de l'arbre que le

Seigneur avait permis à son serviteur de planter.

Les décrets de Dieu sont assurément impénétrables pour nous ; mais on voit bien rarement le Seigneur refuser ce qui lui est offert par un cœur pur. Aussi les patronages, les orphelinats et les cercles catholiques, que M. Le Prévost n'a pas vus fonctionner longtemps, sont des œuvres qui touchent trop aux pauvres et à l'ouvrier, membres souffrants de Notre-Seigneur Jésus-Christ, pour que le Sauveur ne les tienne pas pour agréables. Aussi, sans nous donner comme prophète, pouvons-nous dire que les consolations de la réussite et de la durée pour leurs institutions se répandront, ici-bas, sur les Frères de Saint-Vincent de Paul, en attendant qu'un triomphe sans fin les récompense au ciel.

CHAPITRE X

C'était toujours la place qui manquait pour le mouvement des œuvres et le logement de la Communauté numériquement renforcée. La maison de la rue de l'Arbalète, malgré ses dimensions, ne pouvait plus abriter les orphelins et les Frères. M. Le Prévost, auquel ces difficultés n'échappaient pas, supplia Dieu de lui venir en aide, et le souverain Maître, prenant en considération les prières ardentes du serviteur dévoué, suggéra à Mme Taillandier, mère de l'un des fondateurs de la Société de Saint-Vincent de Paul, mort curé de Saint-Augustin, la pensée de mettre entre les mains du Supérieur de la Congrégation vingt-cinq mille francs pour l'achat d'un terrain sur lequel serait élevée une chapelle de communauté. Le don partiel de la Providence, au moment où l'on songeait à quitter la rue de l'Arbalète, fit penser à M. le Prévost que le secours divin ne lui manquerait pas. Armé de cette confiance et quoique sans ressources suffisantes, il avisa un terrain enclos, situé à Vaugirard, ayant été occupé autrefois par des fours à chaux et bâti de misérables hangars recouverts d'un toit de chaume.

C'était un véritable désert; mais en arrêtant son choix sur cette triste solitude, le Père, comme l'appelaient les religieux, avait d'autres vues que la conclusion d'un marché avantageux. Il songeait que, retirée à l'écart du monde, la Congrégation pourrait mieux se livrer à Dieu. L'achat étant consommé, le plan de construction fut vite arrêté; il se résumait en ceci : élévation d'une chapelle et aménagement très simple dès hangars en bâtiments destinés à la Communauté et à l'Orphelinat. Au commencement de 1854, les Frères vinrent, pour la plupart avec leurs enfants, prendre possession de la nouvelle demeure, demeure qu'on voit aujourd'hui rue de Dantzig. Un mois après, les travaux étant finis, l'installation fut achevée, et la chapelle consacrée aux saints Cœurs de Jésus et de Marie, ces deux cœurs qui ont tant aimé et aiment tant les pauvres.

Presque en même temps, la maison des vieillards de Notre-Dame de Nazareth et le patronage de la rue du Regard devaient être évacués par suite des exigences du propriétaire ou de l'administration municipale.

On avait donc à mener de front le complément de l'installation à Vaugirard et le placement dans un nouvel immeuble de deux œuvres importantes maintenant sans abri. Il paraissait même nécessaire de leur assurer un siège fixe en acquérant, en bonne forme, le terrain sur lequel elles allaient se porter. Un emplacement propice s'offrit sur le boulevard Montparnasse, et la propriété, appartenant à M. le curé de l'Abbaye-aux-Bois qui n'en avait pas l'emploi pour le moment, put être achetée à bas prix. Déterminons davantage la place destinée aux vieillards et aux apprentis en disant qu'elle était à l'angle de la rue Stanislas et du boulevard Montparnasse, et que maintenant elle a pour voisine l'église Notre-Dame des Champs. La Vierge, protectrice des moissons, a voulu voir en face d'elle la *Santa Casa*, témoin de ses joies et de ses angoisses maternelles.

La maison de Nazareth, fille en quelque sorte de la Sainte Famille, excitait la sollicitude particulière de M. Le Prévost. Il a déterminé les confrères de Saint-Vincent de Paul à fonder des asiles similaires à Paris, et à confier le soin des vieillards aux Petites-Sœurs des pauvres, ces saintes et charitables filles de la catholique Bretagne; et c'était à des mains dévouées et à des cœurs tendres qu'on remettait l'assistance de la vieillesse infirme.

Le terrain du boulevard Montparnasse, une fois acquis, devait être bâti. Les constructions sont de lourds travaux qui nécessitent de l'argent et de la surveillance, et cette surveillance devient bien étroite quand les intérêts des pauvres sont en jeu.

Mais heureusement la charité a toujours fait surgir des âmes dévouées, soucieuses de plaire à Notre Seigneur Jésus-Christ en soulageant ses membres souffrants. Un généreux ami du père (c'était le nom donné à M. Le Prévost par ses Frères), M. P. Decaux s'attacha de tout son cœur chrétien, plein de compassion pour la misère, à la construction des bâtiments et à leur aménagement; mais ce n'est pas à dire pour cela que la Communauté se désintéressa du labeur nécessité par l'installation des œuvres dont il était question. Les dignes membres de la Congrégation ne manquaient pas de besogne, et cependant on les voyait aller et venir, étudier les plans, exercer la surveillance avec cette conscience du religieux qui songe à rendre compte à Dieu de tous les actes de sa vie.

A la fin de 1855, en ce jour d'allégresse de la Nativité de Jésus, s'inaugura la maison nouvelle. Le Patronage put fonctionner ce jour-là au boulevard Montparnasse, pour être suivi peu après par le service hospitalier des vieillards. La cérémonie d'ouverture, présidée par M. l'abbé Hamon, curé de Saint-Sulpice, reçut la bénédiction du vénérable pasteur.

Le R. P. de Ravignan, l'une des gloires de l'illustre Compagnie de Jésus, distribua son éloquente parole, et remua si bien l'assistance que la quête fut fructueuse.

Les constructions du boulevard Montparnasse devaient abriter bien des institutions. On en connaît déjà deux ; mais il y en a d'autres à citer pour montrer que les Frères s'attachaient à soulager la misère de bien des façons et que de cette variété de moyens devait résulter un adoucissement forcé de l'infortune : un fourneau économique procurait pendant l'hiver des portions de viande ou de légumes. Une caisse de loyers ménageait aux familles, pour l'acquit du terme, des ressources précieuses; une bibliothèque permettait aux adultes et même aux enfants de se nourrir de lectures saines.

Et comme le bien peut aussi se propager,

comme la sainte émulation de la charité sait s'exercer et produire d'heureux résultats, il se forma, sur le modèle de Notre-Dame de Nazareth, des maisons d'œuvres à Grenelle où le petit Patronage, institué pour récompenser les élèves du catéchisme, devint Notre-Dame de Grâce, à Sainte-Anne de Charonne, à Saint-Jean du Gros-Caillou, à Sainte-Mélanie et à Sainte-Rosalie, enfin à Saint-Charles, où un membre des Conférences fit pour les pauvres, en 1857, ce que seize ans plus tard il fit pour la consécration de la France dévouée et repentante au Sacré Cœur de Jésus.

M. Le Prévost et les Frères étaient bien heureux de l'extension prise par leurs institutions ; ils n'étaient nullement effrayés du fardeau qu'elles leur imposaient ; le travail, il est superflu de le dire, ne faisait pas peur à ces religieux qui avaient fait serment de servir les pauvres. Les ressources, nous voulons dire les fonds nécessaires au fonctionnement et au développement des œuvres, n'inquiétaient pas non plus la Communauté. Nous en trouvons la preuve dans une lettre de son chef :

« *Si le bon Maître*, dit-il, *n'eût pas pris sur lui-même de multiplier nos charges, nous en serions justement effrayés ; mais nous n'avons fait qu'obéir, ce nous semble, à ses prescriptions ; nous avons donc confiance.* »

CHAPITRE XI

M. Le Prévost à Cannes. — Notre-Dame de la Salette à Vaugirard. — M. Le Prévost et M. l'abbé Vianney, curé d'Ars. — Le Supérieur est ordonné prêtre.

Pendant que les œuvres se développaient, que la Congrégation croissait, que la main du bon Maître, en répandant sans cesse des bienfaits sur les religieux et sur les pauvres, faisait espérer la durée et la prospérité pour les fondations charitables, la santé du Père laissait beaucoup à désirer. Un conseil, tenu par les Frères, décida qu'on insisterait auprès de lui pour qu'il allât se reposer à Cannes, et y refaire des forces précieuses et nécessaires à la direction de la Communauté. L'homme du sacrifice céda à la prière de ses enfants. Il quitta les siens, malgré d'immenses regrets de sa part et de celle des Frères. La séparation eut lieu au mois de janvier 1855 et dura jusqu'en juillet suivant. Le voyage dans le Midi rendit la santé au Supérieur vénéré. L'air de la Provence répara ses organes fatigués, et Dieu fut remercié de ce nouveau bienfait accordé à la Communauté. Le bon Maître ne voulut pas d'ailleurs s'arrêter dans la distribution de ses faveurs.; il allait permettre aux Frères d'élever à Notre-Dame de la Salette un sanctuaire qui serait à la fois la marque de leur dévotion envers la bonne Mère et le signe de leur reconnaissance pour trois guérisons d'orphelins miraculeusement sauvés.

Il y avait dix ans que Marie était apparue à deux petits bergers du Dauphiné, Maximin Giraud et Mélanie Mathieu. La clarté éblouissante, dont la Sainte Vierge était entourée, ne dissimulait pas les larmes dont était mouillé son visage, larmes provoquées suivant le dire de l'Apparition par la profanation du dimanche et par les blasphèmes répétés dont se rendaient coupables ses enfants adoptifs. Et dans sa sollicitude pleine de douleur, la bonne Mère chargeait les deux petits bergers de faire connaître au peuple de France, aux sujets de son royaume privilégié, que si le monde ne se convertissait pas, de terribles fléaux allaient fondre sur lui. Le miracle de la Salette avait remué les âmes catholiques, les fidèles songeaient aux nouvelles apportées par Marie et les méditaient, mais personne n'avait encore pensé à placer, dans le diocèse de Paris et sous le vocable de la Vierge des Douleurs, une chapelle qui rappellerait les larmes

A la communion, tous reçurent le Pain des anges des mains du Supérieur de Vaugirard. (p. 112.)

versées par elle sur les montagnes de l'Isère. C'était à M. Le Prévost, aidé du saint abbé Planchat, qu'allait incomber l'honneur d'élever la chapelle de Notre-Dame de la Salette.

Un grand terrain attenait à la maison de Vaugirard, du côté de la chapelle; il était entièrement disponible. Il ne s'agissait que de l'acquérir et aussi de se presser, de peur qu'une industrie, qui n'aurait rien de saint, ne vînt y élire domicile.

Avant de rien entreprendre, on fixa une neuvaine de prières, afin d'appeler les lumières divines sur le projet, et ce pieux exercice n'était pas achevé qu'une somme de trois mille francs arrivait à M. Myonnet, apportée par des mains inconnues. Ces fonds ne représentaient pas assurément le prix de l'acquisition, mais comme on marchait suivant la volonté de Dieu, on traita l'affaire avec l'argent providentiellement arrivé, en s'en remettant au Seigneur et à la Sainte Vierge pour le règlement définitif de l'achat; et le sanctuaire de Notre-Dame de la Salette s'éleva à côté de la chapelle de la Communauté.

Ce culte spécial de la Vierge des larmes a certainement préservé bien des ouvriers et des pauvres de la profanation du dimanche et du blasphème impie. L'abbé Planchat, membre de la Communauté, demandait à Marie de nous garder de ces deux plaies ; au séjour des bienheureux où il est entré, après avoir souffert à l'exemple de son Maître, il obtiendra pour notre société malade sans doute, mais non incurable, la grâce de sanctifier le jour du Seigneur et d'entourer de respect le nom du Très-Haut.

En 1859, la Congrégation comptait trente Frères et six prêtres. M. Le Prévost avait une santé fort chancelante, et sa sollicitude pour ses fils était telle qu'il craignit, s'il venait à manquer, que, faute de règles bien définies, sa fondation ne vînt à se dissoudre. Obsédé à cet égard par de continuelles préoccupations, il voulut avoir l'avis d'un maître consommé dans la prière et la sainteté.

Il se rendit à Ars consulter M. l'abbé Vianney, qu'on connaissait déjà pour avoir éclairé plusieurs situations douteuses. Interrogé sur l'Institut des Frères de Saint-Vincent de Paul et sur leur constitution ouverte aux éléments laïque et sacerdotal, le pieux pasteur répondit que *l'esprit de Dieu était dans l'œuvre, qu'elle réussirait certainement ;* mais il engagea le Père à faire une neuvaine au Saint-Esprit, Source de lumières et Consolateur de l'affliction, à dire le *Veni Creator*, à réciter cinq *Pater* et cinq *Ave Maria*, et à clore les exercices de cet acte religieux par une visite à Son Éminence le cardinal Morlot, archevêque de Paris, qui devait être consulté aussi sur la constitution de la Congrégation.

M. Le Prévost exécuta ponctuellement les instructions du saint curé d'Ars; il n'obtint qu'une réponse peu précise du chef du diocèse. Il en sollicita également une de Mgr Angebault, évêque d'Angers, toujours protecteur et ami des Frères; mais l'éminent prélat ne se pressait pas de répondre : le cas était embarrassant, il cherchait lui-même à s'éclairer auprès de ses confrères de l'épiscopat.

La nature des entreprises des Frères laïques ne demandait-elle pas qu'ils eussent assez d'initiative, assez de liberté et d'influence pour opérer utilement dans les œuvres?

Pour être perplexe sur l'avenir, on n'en était pas moins bien uni pour le présent à Vaugirard où les prêtres et les laïques vivaient dans un parfait accord; mais les soucis de M. Le Prévost demandaient une solution que l'épiscopat ne se pressait pas de donner, comme nous l'avons dit, parce que la chose demandait à être mûrement délibérée; mais la Providence vint au secours de ses enfants et débarrassa leur route des obstacles qui l'encombraient.

A la fin de l'année, la nouvelle de la mort chrétienne de Mme Le Prévost arriva à la Communauté, où l'on se demandait comment se réglerait la Constitution de l'Ordre. L'époux, qui n'avait pu vivre en religieux que grâce à l'éloignement de celle à laquelle le mariage l'enchaînait, recouvrait, du fait de cet événement, liberté pleine et entière. Il vit, dans le trépas survenu, la volonté de faire de lui un ministre des autels. L'ordination, qu'il n'avait pas reçue à Lisieux, il allait pouvoir la prendre à Vaugirard, et le Supérieur laïque de la Communauté allait en devenir le chef ecclésiastique. Quoique les desseins divins parussent bien affirmés, M. le Prévost tint à s'éclairer; il fit naturellement appel aux lumières de Mgr Angebault, aux délibérations des Frères, aux conseils du cardinal-archevêque de Paris, et tous l'engagèrent à recevoir les ordres. L'instruction du clerc, ses cinquante-cinq ans, sa pratique religieuse furent des raisons pour l'autorité épiscopale de diminuer le temps de postulance. Ce que les jeunes gens mettent cinq années à parcourir, le Père le franchit en moins de douze mois, grâce à la vie recueillie qu'il avait déjà menée, grâce aussi à l'habile et sainte direction que lui imprima M. l'abbé Icard, Supérieur de Saint-Sulpice. Il reçut la tonsure à l'archevêché; le sous-diaconat à Saint-Sulpice, là où il avait tant étendu et pratiqué les œuvres; le diaconat chez les Lazaristes de la rue de Sèvres, au tombeau du grand saint dont il se montrait le disciple et l'imitateur infatigable; enfin la prêtrise à Notre-Dame de la Salette de Vaugirard, dans la chapelle qu'il avait, pour ainsi dire, élevée de ses mains à la Mère des Douleurs. Quant à l'impression, disons mieux, quant à l'émotion ressentie par le nouveau prêtre lorsqu'il se vit investi de la grande prérogative sacerdotale, elle est parfaitement rendue par les lignes suivantes :

« *Je ne vous dis rien*, écrivait-il à un ami, *des joies de l'ordination. Ces choses sont plus grandes que la parole; on sent, on aime, on bénit Dieu : c'est tout; on préfère ne rien dire, cela répond mieux à l'infini qu'on a dans le cœur.* »

La première messe de M. Le Prévost fut célébrée le lendemain de son ordination, le 23 décembre 1860, à la chapelle de Notre-Dame de Nazareth, dans la *Santa Casa*. Beaucoup d'amis, d'orphelins, de Sœurs de Charité, de confrères de la Société de Saint-Vincent de Paul étaient réunis boulevard Montparnasse; on avait vu M. Le Prévost à la peine; on voulait le voir à la récompense. Mais à la distribution de la communion, le célébrant et les assistants furent gagnés par une vive émotion quand ils virent Notre Seigneur Jésus-Christ venir sceller, par sa présence, l'amitié et la reconnaissance qui les unissaient les uns aux autres.

Ainsi celui que sa belle-mère et sa sœur avaient détourné du chemin des autels, y était arrivé, plus de vingt ans après; il avait parcouru, avant de parvenir au but, la voie dangereuse du monde de la jeunesse, la route pénible de la vie conjugale sans harmonie; les œuvres de charité et de zèle l'avaient ramené du côté du Seigneur; et le Maître, content du serviteur, lui accordait, comme premier couronnement, l'insigne faveur de le représenter sur la terre.

CHAPITRE XII

L'entrée de M. Le Prévost dans les ordres, la manière habile dont il menait les œuvres, les fondations multiples qu'il avait opérées, la confiance et l'abandon en Dieu qui avaient présidé à toute sa vie lui donnaient un grand ascendant, et attiraient près de lui ceux qui avaient à cœur le soulagement de la misère et le service du divin Maître tant oublié des créatures.

Le grain de sénevé, de la rue du Regard, était devenu un arbre solide dont les branches allaient loin dans Paris et dont les rejetons poussaient en province. Un congrès catholique, tenu à Angers, avait mis en lumière les œuvres ouvrières, et celle, dont le centre était à Vaugirard, y avait brillé de tout son éclat, malgré l'humilité de ses moteurs. L'on recherchait les relations avec les religieux qui avaient pris Notre-Dame de la Salette pour gardienne et saint Vincent de Paul pour patron.

Un pieux abbé de Metz, M. Risse, fondateur d'une Société de jeunes ouvriers lorrains, à la suite d'entretiens avec l'apôtre des pauvres, M. Planchat, reçut l'inspiration divine de se joindre, au point de vue charitable et religieux, aux membres de la Congrégation de Vaugirard. Il vint, à cet effet, passer quelques jours avec eux, et devant toutes les marques de la bonté et de la miséricorde du Tout-Puissant, devant la vie recueillie et active des Frères, le lien se forma entre l'Association des jeunes ouvriers de l'Est et la Congrégation de M. Le Prévost.

A Grenelle, le Patronage était devenu déjà une maison d'œuvres, comme celle de Notre-Dame de Nazareth. Au Gros-Caillou, un autre Patronage, fondé depuis quelques années, sous le vocable de Saint-Jean, passait, en 1863, sous la direction des Frères de Saint-Vincent de Paul.

La ville d'Angers demandait à ces derniers, presqu'en même temps, de venir conduire son Association de Notre-Dame des Champs. Amiens et Arras réclamaient aussi le concours des fils de M. Le Prévost pour le fonctionnement de leurs œuvres charitables.

Ainsi, moins de vingt ans après sa fondation, la famille religieuse de Vaugirard était non seulement un guide puissant à Paris pour le monde ouvrier; mais ses ramifications hors la capitale montre qu'elle va s'étendre au loin pour travailler à la gloire de Dieu.

A mesure que les œuvres se multipliaient, les Frères se trouvaient de plus en plus appelés au dehors, et il devenait nécessaire de bien définir leur rôle dans la direction des associations charitables. Il importait qu'il n'y eût pas de conflit d'attributions entre les religieux laïques et l'aumônier, de même qu'il importait qu'une complète entente existât entre le Frère directeur et les membres des Conférences qui venaient souvent l'aider avec ce dévouement qu'inspire seule la charité.

M. Le Prévost, en père prudent et éclairé par la Providence, recommanda expressément à ses fils de tenir grand compte des sentiments élevés des confrères, de reconnaître hautement la mission de l'aumônier et la grande liberté que l'exercice de son saint ministère exigeait. Pour l'autorité nécessaire aux directeurs, il prescrivait à ses fils de la rechercher dans l'affection de ceux qu'ils conduisaient, dans la vigilance chrétienne, dans la fermeté charitable, dans l'activité, enfin dans une application continuelle à leurs devoirs. Ces règles, communiquées au Président, chef de la Société de Saint-Vincent de Paul, et à son Conseil général, furent pleinement accueillies par ces hauts dignitaires des Conférences. On décida de les soumettre au Patron commun, et la chapelle des Lazaristes de la rue de Sèvres vit une réunion de disciples réguliers et séculiers de Saint-Vincent de Paul assister à la messe que célébrait, à leur intention, l'abbé Le Prévost. A la communion, tous reçurent le Pain des anges des mains du Supérieur de Vaugirard, et la très sainte Hostie consacrait l'union de deux œuvres bien faites pour s'entendre.

Non seulement la Congrégation avait la sympathie des Conférences, mais elle avait gagné l'appui de l'archevêché dont les secours vinrent opportunément la tirer d'embarras. La maison de Notre-Dame de la Grâce avait entrepris, à Grenelle, la construction d'une chapelle bien nécessaire à ses œuvres ; mais les travaux avaient été arrêtés faute de fonds. Son Éminence le cardinal Morlot, instruit de la situation gênée des Frères, fit parvenir dix mille francs à leur caisse, et par ce don providentiel, le sanctuaire, destiné à la Protectrice des affligés, put s'élever et accueillir, aux pieds de la Mère de toutes les grâces, le pauvre, l'enfant et l'ouvrier.

Pendant les hostilités franco-allemandes, nous trouvons
les fils de M. Le Prévost dans les ambulances. (p. 124.)

10

Les jeunes gens qui arrivaient à la Communauté pour embrasser la vie intérieure, ne pouvaient pas accomplir, à Vaugirard, leur temps de noviciat sans certains inconvénients; il leur fallait un milieu plus retiré encore du monde et plus propice à la préparation religieuse. M. Le Prévost, pénétré de cette nécessité, leur acquit, sur la ligne de l'Ouest, à Chaville, près de Sèvres, une propriété qui fut en quelque sorte le séminaire de la Congrégation, et c'est par là que passèrent toutes les recrues que la Providence envoya aux Frères de Saint-Vincent de Paul.

Le bon Père dut encore, en 1865, peu après l'ouverture du noviciat de Chaville, abandonner la direction de la Communauté pour aller rétablir sa santé délabrée aux eaux d'Allevard. M. Le Prévost profita de son séjour en Dauphiné pour se rendre à la Salette, se prosterner devant Celle qu'il avait prise pour gardienne de Vaugirard. Il célébra plusieurs fois la messe sur la montagne même où la Vierge était apparue aux deux petits bergers; il y pria de tout son cœur, de toute son âme pour la Congrégation, pour les Frères, pour les œuvres. Il rapporta de ce pèlerinage la croyance intime qu'il avait été envoyé à la Salette pour recueillir des grâces. Il ne se trompait pas.

CHAPITRE XIII

Le sort des jeunes gens, que leur foi et leur amour de l'Église avaient amenés à Rome pour la défense du Saint-Père, préoccupait les catholiques et, parmi ces derniers, les cœurs si dévoués des Frères de Vaugirard. On se demandait, non sans inquiétude, ce que deviendraient les soldats de la bonne cause, loin de leur patrie, dans une ville travaillée par les sociétés secrètes et impies, où Satan ferait tout pour les détourner du but catholique qu'ils poursuivaient et pour enlever les nobles aspirations auxquelles ils répondaient. Comme conclusion pratique des délibérations qui furent tenues, on décida qu'il serait ouvert, dans la grande cité, un Cercle où les vaillants enfants de la France, accourus au secours de Pie IX, trouveraient un asile et un foyer. On fit des ouvertures, en ce sens, à M. Lé Prévost. Il se passa bien quelque temps avant que la résolution prise pût être mise à exécution ; mais au mois de mai 1868, un Cercle pour les zouaves pontificaux s'inaugurait dans le palais Mariscotti, n° 14, *villa della Pigna*. Saint Michel-Archange, le vainqueur des anges rebelles, était le patron de la réunion ; un colonel en était élu le président, et un Frère de Saint-Vincent de Paul, assisté d'un comité de zouaves, était chargé d'administrer la maison.

Les zouaves pontificaux n'étaient pas seuls à combattre pour le Saint-Siège, et d'autres troupes étaient également en ligne contre la révolution et l'usurpation. A celles-ci, il était bien juste aussi de tendre les bras de la charité. C'est pour cette raison que, peu après le printemps de 1868, s'ouvrit, à la villa Stroggi, un deuxième Cercle militaire destiné à la légion d'Antibes. Cet établissement prit le nom glorieux de Saint-Maurice, soldat et martyr.

Michel et Maurice ! C'étaient bien les protecteurs qu'il fallait donner à ces nobles jeunes gens qui étaient accourus à la défense du Chef de la chrétienté avec le même courage et la même intrépidité qui avaient armé autrefois leurs ancêtres contre les infidèles.

Quelle joie pour M. Le Prévost de penser que ses Frères étaient les auxiliaires charitables à Rome des soldats du Saint-Père !

« *J'espère*, leur écrivait-il, *que votre séjour sera bienfaisant pour votre âme; c'est une grande joie et une grâce de choix d'avoir touché les tombeaux et les reliques des Apôtres, de tant de Saints qui composent à Rome comme une cité à part et comme un vestibule du ciel.* . . . .

. . . .

» *Il me semble que vous allez rapporter, de tout ce monde que vous avez traversé, quelque chose de pénétrant et de vivifiant qui accroîtra votre foi, votre amour pour Dieu, votre zèle des âmes, et qui apportera aussi la bénédiction dans notre petite famille.* »

Les instructions que le Père adressait à ses fils d'Italie pour la direction de leurs Cercles étaient assez semblables à celles qu'il avait données aux directeurs des œuvres, de concert avec le Président général des Conférences; elles se résumaient en ces quelques mots : *Prétendre seulement à la liberté d'action nécessaire au bien de l'œuvre. Aller prudemment, garder une position digne et une liberté suffisante pour agir dans l'intérêt de tous.*

Si nous cherchons les résultats obtenus par la présence des Frères à Rome, nous trouvons au palais Mariscotti et à la villa Stroggi près d'un

millier de soldats fréquenter les Cercles, y mani-
fester un grand esprit de foi, des dispositions
pieuses et des sentiments de reconnaissance et
d'amitié pour les religieux qui les entouraient de
soins et de prévenances. Nous voyons ces réunions
militaires et chrétiennes rendre leur culte à Marie
pendant le mois de mai consacré à la Vierge des
vierges, et suivre, de la façon la plus édifiante,
les quatre retraites annuelles organisées par
M. l'abbé Chaverot, M. de Lauriston et M. Jean-
Marie, tous trois Frères de Saint-Vincent de Paul,
dans le but d'obtenir, de la pratique religieuse et du
courage réunis, l'héroïsme qui illustre les guer-
riers et accroît le renom de gloire de leur patrie.
Nous aimons à penser que le sang versé si géné-
reusement par nos compatriotes pour la sainte
cause de l'Église sera une source de bénédictions
pour la France qui a toujours secouru les op-
primés. C'est peut-être dans la générosité de
notre patrie qu'il faut chercher le secret des
prédilections du Sacré-Cœur et de Marie pour elle.

M. Le Prévost, en Supérieur vigilant et soucieux
de son administration, avait le désir d'aller juger
par lui-même la façon dont marchaient, en Italie,
les institutions militaires dirigées par ses Frères.
D'autre part, il voulait prier sur le tombeau des
Apôtres dont l'approche remplit de consolation les

cœurs chrétiens. Enfin, il avait à obtenir du Saint-Père la reconnaissance de la Congrégation de Saint-Vincent de Paul, et une audience du Souverain Pontife paraissait le meilleur moyen d'arriver vite au but désiré. De là trois raisons pour se rendre dans la ville éternelle. D'autre part, le bon Supérieur ne se dissimulait pas que ses forces physiques étaient faibles. Placé entre le désir de servir utilement la Congrégation et la crainte de ne pouvoir tirer un avantage pratique et réel de son déplacement, il demanda les lumières de Dieu, et la Providence l'inspira dans le sens du départ. Docile aux avis du Seigneur, le Père se mit en route et, après bien des fatigues, arriva à Rome. Il descendit chez ses fils de la villa Stroggi, s'installa dans les dépendances du Cercle, et ne sortit de son logement que pour aller célébrer chaque jour la messe et pour effectuer les courses nécessaires pour faire reconnaitre la Congrégation.

Le Vicaire de Jésus-Christ, qui, dans sa sollicitude paternelle, avait remarqué tout le zèle efficace des Frères en France et en Italie, daigna recevoir le pieux disciple de Saint-Vincent de Paul. Il l'engagea à continuer ce qu'il avait commencé d'une façon providentielle en faveur des ouvriers; il le bénit, et ces encouragements comblèrent de joie le fondateur de l'Institut de

Vaugirard. Son Éminence le cardinal Pitra tint à rendre visite au pieux prêtre, voulant ainsi honorer en lui l'union de la charité et de l'humilité. Par ces précieuses consolations qu'il envoyait à son zélé serviteur, Dieu montrait qu'il prenait pour agréable le voyage qui avait fait hésiter un instant M. Le Prévost. Le retour ne fut pas moins pénible que l'aller. De Marseille, où il avait quitté le bateau, le Père annonça son arrivée prochaine et résuma à ses fils les impressions reçues par cette action de grâces :

« J'ai trouvé à Rome ce que je goûte le plus sur la terre : beaucoup de bonté, beaucoup de cœurs sympathiques et généreux. Je serais bien difficile si je n'étais satisfait. Que le Seigneur soit béni ! Il m'a accordé une grande grâce pour finir ; je ne lui en demande plus qu'une, celle de me bien préparer pour paraître devant lui. »

Le 7 mai 1869, le Saint-Père envoyait un bref d'éloges à la Congrégation des Frères de Saint-Vincent de Paul dans les termes suivants :

« Que les Frères continuent à travailler avec ardeur sous la conduite des Ordinaires, à leur propre sanctification et à celle des autres, à l'exemple de Saint-Vincent de Paul ; et surtout qu'ils emploient toute leur industrie, toute leur attention, toutes leurs forces à inspirer la crainte du Seigneur aux enfants

pauvres, aux jeunes gens, aux hommes de la classe ouvrière, et à les établir dans les bonnes mœurs et dans une vie sainte, et qu'ils se rendent ainsi dignes d'être honorés de nouvelles faveurs apostoliques. »

Cinq ans plus tard (22 mai 1874), conformément aux promesses contenues dans ce qui précède et sur la proposition de Son Éminence le cardinal Guibert et d'un grand nombre de prélats français, la Cour romaine reconnaissait comme Congrégation de vœux simples, sous la direction d'un Supérieur général, les Frères de Saint-Vincent de Paul. Il restait à donner des règles fixes à la famille de religieux que le Saint-Père venait de distinguer. A Rome, on avait exprimé le désir que les charges de Supérieur général et de chef de Communauté fussent toujours conférées à des prêtres, et c'est pour déférer à ces vœux pleins de sagesse qu'un chapitre, composé de membres de la Congrégation, s'assembla à Vaugirard et arrêta formellement que la Congrégation serait placée sous l'autorité d'un chef ecclésiastique, et que chaque maison de l'Institut serait également gouvernée par des mains sacerdotales.

De la sorte, on rendait hommage aux ministres du Seigneur que le saint curé d'Ars déclarait l'emporter à ses yeux sur les anges mêmes.

Dieu daignait envoyer au Père et à ses fils,

après l'épreuve, la consolation d'être régulièrement constitués, en faisant bénir et reconnaître, par son Vicaire sur la terre, les serviteurs des pauvres, des ouvriers et des soldats.

Les Cercles créés pour ces derniers, et dans lesquels se manifesta la pieuse et touchante activité des Frères Jean-Marie Tourniquet et Girard, furent fermés à la suite de l'invasion de Rome par l'armée italienne. Il ne nous appartient pas de maudire cette usurpation sacrilège, quoiqu'elle ait blessé douloureusement notre cœur de catholique bien attaché au Saint-Siège, mais il faut dire que dans les premiers temps de l'entrée des troupes de Victor Emmanuel à Rome, les Frères firent les plus généreux et louables efforts pour préserver les Cercles militaires du pillage et de la profanation et pour sauver les zouaves pontificaux de la persécution.

Au chagrin de voir perdue la noble, sainte et antique cause du pouvoir temporel, se joignit un deuil pour la Communauté de Vaugirard : en même temps que la ville éternelle tombait aux mains des soldats Sardes, le pieux conseiller des Frères, leur consolateur, Mgr Angebault, qui avait comparé leur famille au grain de sénevé, fut rappelé par Dieu, après la vie apostolique la mieux remplie.

CHAPITRE XIV

Pendant les hostilités franco-allemandes, nous trouvons les fils de M. Le Prévost dans les ambulances. Partout où il y a des soins à donner, du dévouement à montrer, on est sûr de voir apparaître ces humbles religieux, petits par la place qu'ils occupent, mais grands par le bien accompli. Le nom de Frères qu'ils portent répond parfaitement à leur mission charitable. Ceux de M. Le Prévost, comme les angéliques disciples de Jean-Baptiste de la Salle, s'étaient dit que là où le sang coule, il y a un double ministère à remplir : le soulagement du corps qui tombe et le relèvement de l'âme qui va quitter la terre.

Que ces saints ambulanciers soient bénis des

hauts sentiments inspirés par l'amour de Dieu; les brefs laudatifs obtenus de la Cour romaine, les éloges donnés par le pouvoir civil seront toujours mérités par l'entier abandon que montrent sans cesse tous les Frères des différentes Congrégations; mais ces témoignages ne récompenseront que partiellement des vertus avides d'une distinction plus durable.

C'est ainsi que nous voyons M. l'abbé d'Arbois de Jubainville, membre de la Congrégation des Frères de Saint-Vincent de Paul, quitter son emploi d'aumônier de Notre-Dame des Champs, à Angers, pour aller jusqu'en Allemagne d'abord, malgré les obstacles et les brutalités de l'ennemi, porter des consolations à nos prisonniers. Chassé d'un pays où l'on craignait que la résignation n'entrât dans le cœur des captifs, il s'arrêta en Suisse et s'y constitua, à l'abri de la Croix de Genève, l'intermédiaire entre les familles inquiètes du sort de leurs enfants et ces derniers entassés dans les forteresses d'Outre-Rhin.

M. l'abbé Planchat, le prêtre des pauvres, n'était pas sorti de Paris pendant le siège; mais il n'était pas resté inactif pour cela. Placé à la tête du patronage de Sainte-Anne de Charonne, dont la rue porte aujourd'hui son nom, il trouva le moyen, pendant l'investissement, de faire, de l'asile des pauvres, une remarquable maison d'œuvres où toutes les misères étaient soignées. L'apôtre de la charité, avec les ressources abondantes qu'il trouva auprès des gens charitables, ouvrit une ambulance, plusieurs fourneaux économiques et un refuge pour les enfants qu'il fallait ne pas laisser vagabonder. Non seulement ils échappaient de la sorte à l'oisiveté, mère de tous les vices, mais ils recevaient cette éducation religieuse trop négligée chez les enfants.

Il résulta de là qu'à la fête de Noël 1870, une première communion eut lieu au Patronage de Sainte-Anne et fut reçue par plus de cent jeunes gens. Dans le nombre se trouvaient des retardataires pour lesquels les onze ans réglementaires étaient bien loin. Il avait fallu à ces chrétiens imparfaits les horreurs du siège et les affres de la faim pour connaître les douceurs de la nourriture divine. L'abbé Planchat ne se contentait pas de sa nombreuse clientèle enfantine et malheureuse, il parcourait les rues et les quartiers populeux comme si ses ressources eussent été inépuisables. Il alla même, avec une permission de l'autorité militaire, jusque dans les baraquements, et par ses exhortations et ses manières affables, il attira à Sainte-Anne de nombreux soldats, et tout ce monde, frappé des vertus apostoliques du directeur-

Prosternés devant son lit d'agonie, ils purent recevoir une dernière bénédiction. (p. 142.)

aumônier, recevait ses enseignements et s'approchait des sacrements.

D'autres Frères, au commencement de la guerre, étaient partis pour la Belgique et avaient fondé, à Tournai, des associations ouvrières et charitables qui servirent de modèle à celles de ce pays.

Tous les membres de l'Institut de Vaugirard, partis dans les ambulances ou à l'étranger, ne rentrèrent pas au siège de la Communauté; plusieurs trouvèrent la mort dans l'apostolat militaire ou ouvrier, et il n'est pas téméraire d'affirmer que, pendant les hostilités de 1870-71, la Congrégation fit largement son devoir patriotique et cet autre devoir plus élevé qui répond si bien à l'amour de Dieu.

M. Le Prévost n'avait pas voulu sortir de Paris. Prêtre de Notre-Dame de la Salette, il tenait à rester près de la Vierge constituée gardienne de la maison. La bonne Mère pouvait dire des Frères de Saint-Vincent de Paul : *Posuerunt me custodem,* et elle répondit bien, pendant le bombardement, à cette confiance de ses fils, puisqu'à Vaugirard il n'y eut presque rien comme explosion ou dégât, et qu'à Grenelle un obus vint tomber, sans éclater, aux pieds de Notre-Dame de Grâce comme pour affirmer le pouvoir de Marie.

La capitulation signée, le feu cessa de part et d'autre; mais un autre brasier allait s'allumer : la guerre civile, cette lutte fratricide et impie, condamnée depuis Caïn et, dans la circonstance, antipatriotique, puisqu'elle se faisait sous l'œil et à la grande joie des Allemands acharnés à notre ruine. Dans cette phase, la plus effroyable de nos malheurs, l'abbé Planchat, la providence des pauvres, devait succomber comme un glorieux martyr qui imite Notre Seigneur Jésus-Christ jusque dans sa passion.

Ainsi, dans son égarement, dans sa folie de résistance, dans sa haine de l'apaisement, dans sa soif de sang, le peuple de Paris traita en ennemi le grand cœur qui s'était tant préoccupé de lui. On l'arrêta le jeudi saint, et il fut enfermé à Mazas. Mais le vaillant captif continua jusqu'à son dernier soupir à exercer son apostolat : le 12 mai 1871, moins de quinze jours avant son supplice, il faisait passer des instructions au Frère chargé de Sainte-Anne, sur la première communion et la confirmation prochaines. Voilà la fin que Dieu accorde à ses serviteurs héroïques : *la grâce de s'oublier pour le prochain même quand ce dernier s'en montre indigne.*

Le saint abbé vit tomber avec lui, sous les balles de la Commune, un grand archevêque, l'un des principaux curés de Paris, le R. P. Captier, et le R. P. Olivaint, ami des Frères. Le dernier de ces martyrs put échanger, avec le premier prêtre de la Congrégation, de précieuses communications qui sont plus qu'un dernier adieu, et qui préparent l'âme à s'envoler plus alerte et plus pure vers le séjour des bienheureux.

M. Le Prévost avait consenti, pendant le second siège de Paris, à quitter Vaugirard et à se retirer à Chaville dans la maison de noviciat que nous connaissons déjà. C'est là d'ailleurs qu'il finira sa vie de piété et de résignation,

Au rétablissement de l'ordre, l'abbé Planchat fut enterré à Vaugirard, dans le sanctuaire même de Notre-Dame de la Salette, au cœur même de la Congrégation qu'il avait enrichie des forces précieuses du sacerdoce.

CHAPITRE XV

Dans l'année qui suivit les redoutables épreuves de la guerre étrangère et civile, les forces de M. Le Prévost, déjà ébranlées depuis longtemps, baissèrent d'une façon inquiétante. Il continuait à résider à Chaville où il avait pris domicile pendant l'insurrection fédéraliste, mais il venait tous les vendredis à la rue de Dantzig, rendre, dans la Communauté de Vaugirard, son culte à Notre-Dame de la Salette dont il s'était constitué le prêtre, et il célébrait la messe en union de prières avec la Vierge des douleurs. La blessure que Jean-Léon s'était faite dans le jeune âge avait déterminé une infirmité qui, n'ayant jamais disparue, était une gêne continuelle pour M. Le Prévost ; avec les années, l'infirmité s'était accrue.

A l'heure actuelle, le bon prêtre était obligé de se faire traîner dans une petite voiture. Mais les facultés étaient restées jeunes et fortes chez lui en dépit de l'âge, des fatigues et des soucis. Il lui était resté un cœur expansif, une sagesse toujours éclairante pour ses fils. Quelques lignes, détachées d'une lettre adressée à l'un des Frères alarmé du fardeau des œuvres, montreront ce qu'il y avait chez cet homme de Dieu de vigueur de raisonnement, de sûreté de vues et aussi de force d'espérance.

« Le pauvre peuple surtout, écrivait-il, est errant comme un troupeau sans pasteur. Nous avons désiré, pour notre part, lui donner un peu d'assistance; à ce premier point au moins, on ne saurait nier que notre vocation ne soit sainte et assise. Les besoins à satisfaire étant immenses, nous les avons pris hardiment dans toute leur étendue; nous avons embrassé tous les âges, depuis l'enfant jusqu'au vieillard; nous suivons le pauvre et l'ouvrier dans son éducation, dans son travail, dans ses nécessités spirituelles et temporelles, et jusque dans ses délassements. Nous nous sommes faits pauvres pour eux; nous avons partagé notre demeure avec eux et nous vivons comme eux. Si nous sommes allés trop loin, Dieu nous le dira; mais au moins le fond essentiel d'une vraie vocation religieuse ne nous a pas manqué; nous avons accepté

cordialement le renoncement et l'immolation. Nos œuvres, assises sur cette base, peuvent se modifier avec le temps et d'après la lumière que nous apportera l'expérience; mais la Congrégation, posée sur ce sol solide, demeurera, j'en ai la confiance. »

Armé de cette foi en Dieu et de cette force morale, M. Le Prévost aurait pu continuer à exercer sa direction générale sur ses fils ; mais le Maître lui avait donné l'inspiration de se retirer pour laisser le gouvernail à des mains moins âgées et moins débiles.

Après les dures épreuves de 1870-71, qui furent l'un des châtiments annoncés par la Mère des douleurs sur la montagne de la Salette, Dieu nous montrait dans sa miséricorde un relèvement possible par l'extension et la coordination des œuvres. On avait vu travailler dans l'adversité les serviteurs du Seigneur ; on pouvait espérer que ce qu'ils avaient fait au milieu de bien des obstacles, ils pourraient le continuer à la faveur du calme. D'autre part, la révolte de la Commune montrait ce qui manquait au peuple comme fond moral et les obligations qui incombaient aux institutions charitables. M. Le Prévost, convaincu que sa Congrégation avait de grands devoirs à remplir, crut fermement, à l'aide de la lumière divine, qu'il était temps pour lui de se faire suppléer par un aide, et avec l'autorisation du Saint-Siège, en date du 11 août 1871, dans une assemblée générale tenue à Vaugirard, M. de Riverieulx de Varax fut établi vicaire général du Supérieur et administrateur de la Congrégation. Dans cette cérémonie d'investiture, le bon Père prononça des paroles qu'il est utile de rapporter au moins en partie, pour l'édification du lecteur intéressé aux pieuses pratiques de la charité ; elles lui montreront quelle confiance, quel abandon, quelle résignation doivent être mis au service du Souverain Maître par ceux qui aspirent à étendre son règne ; voici ces paroles :

« Nous tâchons, en ce moment, de remettre un peu d'ordre dans nos affaires. Nous regardons aussi comment le temps se prépare pour l'avenir. Nous avons essuyé un orage, et sommes-nous sûrs qu'un autre ne se forme pas ? . . . .

. . . .

» Mais malgré les motifs que nous avons de craindre, ce que Dieu a fait pour nous dans le passé doit nous rassurer ; sa Providence a été si marquée, elle nous a couverts d'une protection si sensible, que nous avons tout sujet de nous établir dans une sainte confiance, dans une ferme espérance, quoique bien incertains de l'avenir. . . . .

. . . .

» *La foi est perdue, les ténèbres sont partout, les âmes sont rebelles aux efforts que l'on fait pour les ramener à la vérité ! Nous parlons, on n'a pas d'oreilles pour nous entendre; nous faisons luire la lumière, on refuse de se laisser éclairer; au sein d'un pareil monde, il n'était pas facile de prendre vie sur les principes immuables de la foi, et fonder une Congrégation était chose de grand labeur et de grande difficulté. Et cependant Dieu a permis que cela se fît; il a su tout disposer pour que notre famille prît vie.* ...

» *On sent,* ajoute M. Le Prévost, *le besoin d'une vie plus grande; aussi s'opère-t-il un mouvement de concentration et d'union. Les œuvres isolées se rapprochent et se lient pour être plus fortes. Les agents des œuvres sentent ce besoin et tendent à mettre en uniformité et plus en commun leurs moyens d'action, afin de leur faire acquérir plus de vigueur.* . . .

» *Peut-être vous demandez-vous et avec raison si le vieillard, qui vous a conduits, a encore assez de vigueur. Est-il capable de vous guider, de vous soutenir ? Ce doute, je l'ai senti le premier. Je suffisais déjà bien mal à la tâche; mais à l'avenir, j'y suffirai encore moins à cause de la débilité de ma santé et de l'engourdissement de mes facultés. Aussi*

Dieu y a-t-il pourvu : j'ai cherché quelqu'un qui fût plus jeune et plus fort, et armé des termes de nos constitutions qui le permettaient au Supérieur, devenu trop faible pour porter le poids de la charge, j'ai demandé un vicaire général. . . . . .

. . . .

» Nous ne serons donc plus à l'avenir incertains dans notre marche, puisque nous avons trouvé chez nous quelqu'un pour conduire la Congrégation. Accordez-lui le même respect, la même affection, le même dévouement, la même obéissance que vous m'avez toujours accordés; car je puis bien dire qu'aucun Supérieur n'a été plus cordialement servi et aidé que je ne l'ai été par vous. »

M. Le Prévost avait alors soixante-huit ans ; sa santé était très faible, mais ses facultés n'étaient pas engourdies, comme il le disait trop humblement. A partir de l'installation de son vicaire général, il vécut tout en Dieu et comme un religieux à Chaville. Dans le calme et dans le repos, son âme s'apprêta à entrer dans l'éternité.

Avant de suivre le bon Père à Chaville, nous avons à examiner quel était ce mouvement et cette concentration des œuvres dont le rapprochement et la liaison avaient frappé M. Le Prévost.

La Belgique présentait une admirable fédération, un consolant groupement d'institutions cha-

ritables, au développement desquelles avaient coo-
péré les Frères de Saint-Vincent de Paul pendant la
guerre franco-allemande. La Fille aînée de l'Église,
notre France, ne pouvait, de par son beau titre et en
raison de son intérêt social, rester étrangère à la
campagne entreprise au nom de la charité. Dans
un congrès tenu en 1871 à Nevers, il s'était
formé une union des Directeurs d'associations
catholiques, avec l'appui de deux prélats émi-
nents, NN. SS. Gay et de Ségur, disparus maintenant de la terre. Peu après, au Cercle des
jeunes ouvriers de Montparnasse, sous l'égide de
Notre-Dame de Nazareth, se réunissaient des
hommes de bonne volonté auxquels les anges ont
apporté la paix sur la terre. Une vaillante épée
d'alors, maintenant retirée de la vie des camps
pour lutter à la tribune en faveur des catholiques,
y avait montré ce que la foi vive et ardente peut
produire d'éloquence saine et efficace. Derrière
lui se tenait humblement mais fermement un
Frère de Saint-Vincent de Paul, Maurice Mei-
gnan, auteur de la *Vie de l'abbé Planchat*. Le but
ayant été clairement et brillamment exposé, les
résolutions ne se firent pas attendre, et l'avant-
veille de Noël, les Cercles catholiques d'ouvriers,
auxquels nous sommes heureux d'appartenir,
étaient fondés. Instituée d'abord pour les vingt

arrondissements de Paris, cette œuvre s'est répandue en province, où elle compte plusieurs centaines d'établissements. La fondation du comte de Mun, ancien capitaine de cavalerie, député de Pontivy, a rendu, rend et rendra d'immenses services à la société. Par elle, le peuple passera du matérialisme dissolvant au catholicisme fortifiant; elle fera cesser la haine du prolétariat pour le capital; mais, disons-le aussi, elle donnera au patron des sentiments charitables pour l'ouvrier et pour l'apprenti. En un mot, elle réconciliera tous les facteurs du travail.

Notre-Dame de Nazareth aura fait appel à Notre-Dame de l'Usine, et du fait de ces deux manifestations de la Vierge résultera une paix sociale et chrétienne.

L'année qui avait commencé par le bombardement de Paris, se termina par la mort de M. Beaussier. Malgré sa faiblesse et ses infirmités, M. Le Prévost ne manqua pas de visiter le digne prêtre qui, par son amitié et ses avis, lui avait été d'un si grand secours. Il tint même à accompagner jusqu'à leur dernière demeure les restes du confident et du conseiller de sa vie religieuse.

CHAPITRE XVI

Mort de M. Le Prévost.

A Chaville, où il vivait retiré dans la maison du Noviciat, le bon Père ne se considérait pas comme dégagé de toutes les obligations du saint ministère; prêtre de Notre-Dame de la Salette, il entendait les confessions; le dimanche, il adressait des instructions aux novices. Tous les vendredis, il se rendait à Vaugirard pour célébrer, à l'intention des pèlerins, la messe dans le sanctuaire de la Mère des douleurs. Et malgré les fatigues que ces offices pouvaient lui occasionner, on le voyait toujours de bonne humeur, toujours disposé à bien accueillir ceux qui l'abordaient. Son humilité lui ayant persuadé qu'il était le débiteur de la Congrégation qu'il avait remise au gouvernement d'un autre, il s'acquittait envers elle en demandant à son profit les bénédictions célestes.

« Je n'ai plus, disait-il, d'autre puissance pour lui être un peu utile. J'ai la conviction que celle-là doublera d'efficacité à mesure que les autres ressources me font de plus en plus défaut. »

Ces fils spirituels occupaient, après Dieu, toute

sa pensée, et il leur adressait, de sa retraite, les exhortations les plus paternelles, les paroles les plus affectueuses. On en peut juger par les lignes suivantes :

« *Mettez bien la main à l'ouvrage sans beaucoup regarder aux obstacles; ils sont inévitables, passez dessus à pieds joints.*

» *Tout n'est pas mort pourtant en moi; les vieilles affections se réveillent aisément toutes les fois surtout qu'il s'agit de mes plus chers enfants, de ceux que j'ai vus, sous mes yeux, grandir en âge, en sagesse et en grâce; ceux-là me trouveront toujours prêt à leur témoigner ma plus tendre affection.* »

Tout en s'affaiblissant, M. Le Prévost endurait de grandes souffrances; mais il les offrait au Seigneur avec tant de résignation et de confiance qu'il lui en serait bientôt tenu compte. Tout faisait pressentir au malade et à son entourage une fin prochaine.

Le 18 juillet 1874, tant pour honorer Saint-Vincent de Paul que pour se préparer au grand voyage de l'éternité, il demanda l'Extrême-Onction, qu'il reçut en pleine connaissance sous l'œil de ses fils réunis et émus. Après la réception du sacrement, il donna sa bénédiction à sa famille spirituelle.

Quelque temps après, il reçut la visite de M. l'abbé Icard, Supérieur de Saint-Sulpice, le maître qui l'avait préparé au sacerdoce. L'éminent théologien rassura le patient résigné sur les angoisses ressenties à l'approche de la mort.

Suivant M. Icard et toutes les autres autorités consommées dans la sainteté, ces défaillances finales étaient un moyen employé par Dieu pour augmenter les mérites de celui qu'il rappelait à lui.

Le 23 octobre, le fondateur, plus affaibli, fit appeler ses enfants pour les bénir, et, leur montrant un crucifix qu'il tenait près de ses lèvres, il leur dit :

« Là est votre seule consolation. Ah! oui le crucifix et mon chapelet. »

Il aurait bien voulu dire une dernière messe avant de mourir ; mais Notre-Dame de la Salette, à laquelle il présenta sa demande, ne voulait plus de son ministère sur la terre.

Le 27 octobre, il eut encore la force de dire :

« Il me semble que dans tout ce que je fais, dans tout ce que je souffre, je n'ai point d'autre volonté que la volonté de Dieu. Cela me suffit. »

A partir de ce moment, il ne prononça que des phrases entrecoupées. Ses fils, prosternés devant son lit d'agonie, purent recevoir une dernière bénédiction. M. Myonnet se présenta des premiers ; derrière lui arriva le Frère, ancien membre de la Conférence de Saint-Sulpice, celui qui quitta le Ministère de la guerre pour la Congrégation. A la vue de celui qu'il appelait son fils, probablement parce qu'il l'avait attaché deux fois aux œuvres, le bon Père fit un mouvement pour attirer à lui le Frère et fit entendre ces paroles :

« Mon vieil enfant, mon cher ami, adieu, adieu ! »

A ce moment il n'avait plus qu'un léger souffle, ses yeux ne quittaient pas la croix et l'image du Sacré Cœur.

Le 29 au matin, il communia, et le Pain des anges lui donna la dernière force de dire :

« Je donne mon cœur au Sacré Cœur. Il me semble que tout est fini maintenant ; mon âme peut s'en aller à Dieu. »

La nuit suivante, la respiration et le pouls étant bien faibles, l'absolution fut donnée de nouveau au moribond ; les litanies des saints, les invocations au Sacré Cœur, à Notre-Dame de la Salette, à saint Joseph furent récitées. Saint Vincent de Paul et saint François de Sales ne furent pas oubliés.

Ces dévotions, familières à M. Le Prévost, parurent le réveiller de sa torpeur : son regard et ses sourires indiquèrent qu'il suivait les filiales et pieuses prières des assistants. Mais cette accalmie, pendant laquelle il ne put prononcer aucune parole, fut de courte durée. C'était l'apaisement qui précède la mort ; car, le 30 octobre, à deux heures du matin, le fondateur de la Sainte-Famille des Frères de Saint-Vincent de Paul et de bien d'autres institutions charitables, remettait son âme à Dieu, après avoir souffert avec résignation, édifié avec foi et prié avec ferveur.

On peut voir, à Chaville, la chambre habitée par le pieux Supérieur. Quoiqu'elle eût été convertie en oratoire que vient quelquefois sanctifier le Très Saint Sacrement, les Frères ont voulu y retenir les objets chers à leur fondateur : ses ornements de première messe, son bréviaire, un portrait de saint François d'Assise peint par M. Le Prévost, un volume des *Orientales* offert par Victor Hugo à son ami Jean-Léon.

Le Père de famille repose dans la petite chapelle du noviciat, près de l'autel, sous une pierre qui porte ces paroles de dévouement et de rédemption :

JE ME SUIS FAIT TOUT A TOUS, AFIN DE LES SAUVER TOUS.

C'est bien là la devise de l'apostolat, de celui qui s'exerce particulièrement envers les pauvres, les ouvriers et les enfants. C'est bien la voie indiquée à ses enfants spirituels par le vénérable Le Prévost pendant trente ans de vie religieuse.

FIN

— Lille. Typ. A. Taffin-Lefort. 1894 —

www.ingramcontent.com/pod-product-compliance
Ingram Content Group UK Ltd.
Pitfield, Milton Keynes, MK11 3LW, UK
UKHW022353090726
13658UKWH00002B/615